아이를 훌륭하게 키우고 싶은 **엄마**들을 위한 **안 · 내 · 서**

엄마학

A Mom's Guide
to shaping great kids

MoMoloSY

G 가나북스

아이를 훌륭하게 키우고 싶은 엄마들을 위한 안내서

엄마학

초판 인쇄 2011년 7월 1일
초판 발행 2011년 7월 5일

저 자 | 셸리 래딕(Radic Shelly)
역 자 | 홍주연
발행인 | 배수현
기 획 | 이성환
디자인 | 김화현
교 정 | 이태우

발 행 | 가나북스 www.gnbooks.co.kr
전 화 | 031-408-8811
팩 스 | 031-501-8811

ISBN 978-89-94664-06-4

엄마학

– 아이를 훌륭하게 키우고 싶은 엄마들을 위한 안내서 –

저자 **셸리 래딕** / 역자 **홍주연**

G 가나북스

—

서문

—

나오미 크레이머 오버턴

MOPS 인터내셔널 회장

《엄마학 : 아이를 훌륭하게 키우고 싶은 엄마들을 위한 안내서》를 내 아이들이 좀 더 어렸을 때 접할 수 있었더라면! 이 책에서 셸리 래딕은 내가 막연하게만 알고 있던 사실을 분명하게 정리해 주었다. 바로 육아란 나와 내 가족에게 맞는 것이 무엇인지 끊임없이 알아가는 과정이며, 공통적인 원칙은 존재하지만 결국 아이마다 각기 다른 육아 방법이 필요하다는 것이다.

MOPS 인터내셔널의 회장으로서 나는 전 세계 엄마들의 이야기를 듣게 된다. 바로 독자 여러분과 같은 엄마들이다. 그 대화를 통해 각자 상황은 다르지만 여러분 모두 아이에게 최고의 엄마가 되어 주고 싶어 한다는 것을 알았다. 또 하나 새롭게 알게 된 사실이 있다면 엄마들 모두 단지 전문가의 소견을 그대로 따르고 싶어 하지는 않는다는 점이다. 여러분은 각자 자신만의 육아 스타일을 찾고 싶어 한다. 이 책은 서로 다른 배경과 시각을 지닌, 심지어 영적인 여정에서도 각자 다른 위치에 있는 엄마들의 목소리를 들려준다. 여기에 육아에 관한 중요한 연구 결과를 함께 소개하면서 효과적인 양육을 위한 네 개의 과제를 제시하고 있는데, 바로 건강하고 유연한 엄마 되기, 기본적인 육아 기술의 이해, 서로 힘이 되는 관계 맺기, 그리고 영적인 기초 세우기이다.

나는 개인적으로 세 명의 아이들을 키우면서 너무 힘이 들 때, 나를 받아들여 주고 용기를 줄 수 있는 엄마들의 모임을 찾았다. 특히 막내를 키우면서 여러 가지 예상치 못한 변수들과 마주치게 되었는데, 그 시기에 나는 엄마가 되기 전까지 굳게 믿고 있던 수많은 육아 이론이 당시 내 상황과는 맞지 않는다는 것을 느꼈다. MOPS 커뮤니티에서 나는 나와 내 아이들을 사랑해 주는 친구들을 만났다. 그들은 내가 엄마이면서 동시에 나 자신으로 남는 방법을 찾게 해 주었고, 좋은 일이 있을 때는 축하해 주고 힘든 일이 있을 때는 도움을 주었다. 이러한 경험이 내 마음과 몸, 영혼과 정신을 새롭게 하여 더 나은 엄마, 그리고 더 나은 내가 될 수 있도록 해 주었다.

이러한 이유로 나는 《엄마학》에서 셸리가 어린 아이를 키우는 엄마들에게 제시하는 내용이 무척 마음에 든다. 셸리는 남편과 함께 평생 배우는 자세로 아이들을 키워 왔고 예수님에 대한 믿음 또한 잃지 않았는데 그러한 태도가 이 책에 그대로 담겨 있다. 여러분은 네 아이의 엄마인 셸리의 풍부한 경험담에서 용기를 얻는 동시에, 다른 엄마들의 사례를 통해 기본적인 육아의 원칙을 흥미롭고 진지하게 배우게 될 것이다. 이 책의 최종적인 목적은 여러분이 아이를 키우면서 여러분 자신도 함께 발전해 갈 수 있도록 돕는 것이다.

《엄마학》은 단순한 책이 아니라 엄마들이 생각을 공유하고 경험을 통해 함께 배워 가는 하나의 커뮤니티이다. 우리 중 누구도 혼자 아이를 키울 수는 없다. 아이에게 최고의 엄마가 되어 주려면 육아 모임에 참여하는 일이 필수적이다. 온 힘을 다해 아이를 키우는 동안 우리는 여자로서, 어머니로서 성장해 가게 된다. 그리고 이런 긍정적인 상호 작용은 대부분 다른 엄마들과의 관계 속에서 이루어진다.

　　나는 여러분이 아이를 키우는 친구들 모두와 이 책을 나눠 보고 인
터넷으로 정보를 공유하길 바란다. 단지 한 번 읽고 끝내는 것이 아니라 다
른 엄마들과 함께 나누고, 더 좋은 엄마가 되어 더 좋은 세상을 만들어 갈 방
법을 함께 고민해 주길.

　　　　　　　　　　　　　　　　　　　　　　　　　나오미로부터.

—
저자서문
—

나는 추운 겨울, 어린 딸의 외출 준비를 도와주는 한 엄마의 모습을 흥미롭게 지켜본 적이 있다. 엄마는 아기를 안고 있고 두세 살 정도 돼 보이는 딸은 재킷을 들고 서 있었다. 재킷의 팔 부분은 바닥에 늘어져 있고 모자 부분은 거의 발 사이에 걸쳐져 있었다. 아이가 아래로 몸을 굽혀 팔을 소매에 넣더니 재킷을 머리부터 집어넣어 입으려고 했다. 하지만 재킷이 아이가 쓴 니트 모자에 걸려 들어가지 않았다. 소매에서 다시 팔을 빼낸 뒤 아이는 엄마를 올려다보았다. 아기를 안고 흔들어 주던 엄마는 간단하게 대답했다, "다시 해 봐." 그러자 아이는 다시 시도했다. 하지만 실패였다. 재킷이 다시 모자에 걸린 것이다. 엄마는 대답했다, "다른 방법이 뭐가 있을까?" 아이는 잠깐 생각하다가 눈을 반짝이더니 모자를 홱 하고 벗어 바닥에 던졌다. 재킷 모양을 다시 바로잡은 뒤에 아이는 허리를 숙여 한 번 더 시도했다. 그제야 재킷이 제자리를 찾아 들어갔고, 아이와 엄마 모두 뿌듯한 표정으로 씩 하고 웃었다.

나는 그 어린 아이의 인내심과 창의력에 감탄했지만, 무엇보다 그 어머니에게 더욱 감탄했다. 추운 날씨에 옷을 입히는 과정을 서두르지 않고 딸에게 창의적인 해결책을 찾아내도록 용기를 북돋워 준 것이다. 시도했다 실패하고 다시 시도해야 하는 과정을 반복해야 하는데도 말이다.

나는 어렸을 때부터 엄마들의 모습에 마음을 빼앗겨 왔다. 매년 어머니날 _Mother's Day_ 에는 엄마들이 선물을 받는 것을 지켜보았는데 그중에는 아이를 처음 낳은 엄마도 있고, 나이 들어 주름지고 허리가 굽은 엄마도 있고, 수많은 아이에 둘러싸인 엄마도 있었다. 그저 조그마한 아기를 낳은 것, 아주 오랫동안 엄마로서 살아온 것, 그리고 한꺼번에 많은 아이를 교회에 나란히 앉힌 것을 이유로 상을 받는다는 것이 신기했다. 나는 또한 우리 어머니가 남편과 아이들을 돌보는 동시에 집안일과 직장일, 친구들과의 만남, 자원봉사 활동 등을 한꺼번에 해내는 놀라운 모습을 보면서 자랐다.(나중에 어머니는 그것이 보이는 것만큼 쉽지는 않았다고 털어놓았다.)

첫 아이를 낳기 전에 나는 다른 엄마들을 지켜보면서 남들이 해낸 것이라면 나도 쉽게 해낼 수 있을 거라고 자신했다. '내가 절대 하지 않을 일', '내 아이들이 절대 하지 않을 일', '무슨 일이 있어도 절대 하지 않을 일'의 목록도 가지고 있었다. 엄마가 된 후 첫 몇 년 동안에는 다른 엄마들을 별로 신경 쓰지 않았기 때문에 내가 엄마로서의 역할을 잘해내고 있다고 생각했다. 2년쯤 지나 다시 주변을 둘러보기 시작했을 때 '절대 하지 않을 일들'의 목록은 빠르게 지워지고 (이유는 짐작하실 수 있을 것이다!) 대신 '다른 엄마들이 더 잘하는 것', '다른 엄마의 아이들이 더 잘하는 것', 그리고 '내가 더 잘하지 않으면 내 아이가 큰일 나는 것'의 더욱 긴 목록들로 채워졌다. 한동안 다른 엄마들을 관찰할 때면 많은 관중이 지켜보는 운동 경기에 출전하는 기분이었는데, 여기에서 나의 홈팀이 우승하는 일은 거의 없었다.

약 20년간 네 아이를 키우면서 여러 엄마를 지켜본 후에야 나는 엄마로서의 나의 모습에 만족할 수 있게 되었고, 다시 한 번 다른 엄마들을 인정하고 배울 점을 찾게 되었다. 엄마들끼리의 교류를 도와주는 단체에서 일하면서 나는 우리가 놀라운 존재라는 신념을 갖게 되었다. 또한 우리가 아이들을 키우고 그 아이들이 자라는 이 세상을 만들어 가는 지극히 중요한 역할을 수행하고 있으며 우리야말로 이 지구상에서 그 누구보다 창의적이고 지혜로운 사람들이라는 사실을 한층 더 확신하게 되었다. 우리는 그래야만 한다. 이 세상의 미래가 우리에게 달려 있으며 세상에 사랑을 주고 방향을 제시해줘야 할 사람들도 우리이기 때문이다.

엄마들은 각자 자신만의 창의적인 방식으로 아이디어와 자원을 결합하는 예술가들이다. 또한 여러 가지 가설을 시험해 자신에게 맞는 방법을 찾아내는 과학자들이기도 하다. 우리는 우리의 아이들에게 적합한 방법을 찾아낼 때까지 그 가설을 비틀고 또 비틀어 본다.

《엄마학 : 아이를 훌륭하게 키우고 싶은 엄마들을 위한 안내서》는 여러 연구와 엄마들의 창의력으로 쓰인 책이다. 우리는 서치 인스티튜트^{Search} ^{Institute}, YMCA, 바나 리서치 그룹^{Barna} 등의 기관과 육아 전문가, 정부 기관, 주요 대학들이 수행한 연구 결과를 참고했다. 또 여러분과 같은 엄마들을 대상으로 한 설문조사 결과도 중요한 역할을 했다. 약 1,800명의 엄마가 이 책을 위해 진행된 설문조사에 참여해 주었고, 일대일 인터뷰를 통해 자신의 이야기와 생각을 공유해 준 엄마들도 있었다. 《엄마학》은 베테랑 엄마들과 신참 엄마들이 한 팀을 이루어 만들어 낸 결과이다. 우리가 함께 배운 사실들을 통해 훌륭한 아이를 키우는 데 도움이 될 네 가지 과제를 선정해 보았다.

· 우리 자신을 알기 : 건강하고 유연한 엄마의 자아를 키우기
· 우리의 능력을 알기 : 매일 아이들과 소통하는 기술을 키우기
· 의지할 곳을 알기 : 우리 자신과 아이들에게 힘이 되어줄 수

있는 모임에 참여하기

· 하나님을 알기 : 하나님의 큰 뜻 안에서 그분과 함께하기

이 과제들에 관해 총 네 개의 파트로 나누어 이야기하려고 하며, 각 파트는 다양한 엄마들의 이야기(〈실제 사례〉), 설문 조사 결과(〈엄마들의 통계〉와 〈목소리〉), 연구를 통해 얻은 정보들, 필자의 육아 경험 등 부담 없이 짧은 글들로 구성되어 있다. 여러분이 직접 생각해 볼 수 있는 부분도 있다 (〈과제〉).

각각의 파트를 여러분 혼자 읽는 것도 좋겠지만 그보다는 모임을 만들어 함께 읽을 것을 권한다. 친구나 멘토, 동료 엄마들과 〈과제〉 부분을 함께 토의해 보라.

육아라는 무거운 짐은 다른 엄마들과 함께 나눠야 훨씬 가벼워진다. 서로의 창의적인 해결책, 더 좋은 엄마가 되기 위해 시도했다가 실패 혹은 성공한 경험들을 통해 많은 것을 배울 수 있다. 다양한 각도와 관점으로 육아라는 막중한 의무에 대해 함께 탐구한다면 모두가 훌륭한 아이를 키워 낼 수 있을 것이다.

나 자신과의 대화

나   애가 밤새도록 우네. 뭐 때문에 그러는 걸까.

다른 나   나는 엄마로서의 자질이 부족한가 봐.

또 다른 나	가끔 등을 문질러 주면 좋아하던데. 그렇게 해 봐야겠다.
나	그래도 울잖아. 게다가 방금 내 등에 먹은 걸 다 토해냈어. 이크. 어떻게 하지?
다른 나	난 정말 한심해. 뭘 하든 상황을 더 나쁘게만 만들잖아.
또 다른 나	아이를 안고 재워 봐야겠어. 지난번에 그러니까 좋아했잖아. 그래야 이 냄새 나는 셔츠를 빨리 벗을 수 있지.
나	울음을 그치기 시작했어. 이제 정말 잠이 들까?
다른 나	아이를 침대에 눕히면 다시 울기 시작할 거야. 계속 이렇게 안고 있어야 하나 봐.
또 다른 나	효과가 있는 것 같아. 한밤중의 대처법을 이제 좀 알게 된 것 같아.
나	이제 자는 건가? 내려놔도 될까?

Contents

PART 1.
엄마의 자아가 중요하다

유연하고 튼튼한 자아 기르기

"두드리고 굴리고 B자를 새겨 주세요. 아기랑 나눠 먹게 오븐에 넣어 주세요." 딸에게 이 노래를 불러 주다가 문득 내 목소리가 누군가와 닮았다는 생각이 들었는데 그것은 바로……, 나의 어머니였다! 나는 깜짝 놀랐다. 어떻게 된 거지? 노래 속 빵집 주인이 구워 준 케이크 위에 새겨진 B자처럼 내 양육법에도 어머니의 흔적이 새겨져 있었던 모양이다.

엄마가 되면서 우리는 온갖 새로운 경험과 의무에 맞닥뜨리게 된다. 여기에 우리가 반응하는 방식은 사실 태어나기 전부터 준비되어 온 것이다. 임신이 이루어지는 순간, 즉 세포가 분열하고 엄마의 염색체와 아빠의 염색체가 독특한 패턴으로 짝을 이루기 시작하는 바로 그때부터 우리 내면의 자아가 형성되기 때문이다. 유년기와 성인기를 거치며 계속 발달하는 이 자아를 통해 우리는 엄마로서 겪게 되는 온갖 새로운 경험에 반응하게 된다. 우리의 고유한 내적 자아에는 우리 자신의 성격과 인생 경험, 감정, 열정, 잠재력 등이 포함된다. 엄마의 자아에 따라 아이를 키우는 방식도 달라지며, 강하고 유연한 중심을 지닌 엄마일수록 강하고 유연한 아이를 길러 낼 확률이 높다.

윗몸일으키기와 다리 들어올리기를 하면 배와 허리, 엉덩이의 중심 근육이 튼튼하게 발달한다. 중심 근육이 잘 발달해야 매일 겪게 되는 물리적 활동에 대해 우리 몸이 좀 더 유연하게 반응할 수 있다. 마찬가지로 우리 내면의 자아가 강하게 발달되어 있어야 엄마로서 마주치게 되는 새로운 상황에 대해서 좀 더 유연하게 반응할 수 있다.

유연성 (resilience; 명사)
변화나 불행이 닥쳤을 때 쉽게 회복하거나 적응할 수 있는 능력

아이들에게 유연성이 중요한 이유는 무엇일까? 여러분의 유연성이 여러분의 아이에게 중요한 이유는 무엇일까? 유연성은 아동 학대 및 방임의 위험을 감소시켜 주는 요소 중 하나이다.

미국 보건 복지부에 따르면 유연한 부모와 아이는 다음과 같이 느낄 확률이 높다고 한다.

- 나는 나를 사랑하고 아끼는 사람들에게 중요하고 소중한 존재
  이다.
- 나쁜 일이 일어날 때도 있지만 인생은 기본적으로 좋은 것이다.
- 인생에는 '나'와 '지금'보다 더 크고 중요한 의미가 있다.

우리 엄마들이 아이들에게 이 세 가지 생각을 심어 줄 수 있다면 훌륭한 아이를 키워내는 길에 제대로 들어선 셈이다. 유연성은 아이에게만 도움이

되는 게 아니라 엄마에게도 도움이 된다. 미 보건 복지부는 부모의 유연성을 이렇게 정의한다.

> 유연성은 매일 매일의 스트레스 요인에 잘 대처하고 때때로 찾아오는 위기를 극복할 수 있는 능력이다. 감정적으로 유연한 부모는 긍정적인 태도를 지니고, 문제를 창조적으로 해결하며, 시련에 효과적으로 대응하고, 분노와 좌절을 아이들에게 돌리지 않는다. 또 이러한 부모들은 자기 자신의 문제점을 잘 알고-예를 들어 어렸을 때 받은 부적절한 가정교육 때문에 발생한 문제들-기꺼이 도움을 받으며, 필요하다면 상담도 받을 자세가 되어 있다.

《엄마학》의 첫 번째 단원에서는 엄마가 지녀야 할 유연성에 대해 알아보겠다.

실제사례 – 마음으로

어릴 때 우리 가족은 자주 이사를 다녔다. 부모님 두 분 다 일을 하셨기 때문에 나는 일찍부터 낯선 상황에서 적응하는 법을 혼자 배워야 했다. 새로운 곳에서 친구를 사귀는 요령도 길렀다. 목사님이셨던 아버지는 내가 다양한 상황에서 리더십을 발휘할 수 있도록 강하게 가르치셨다. 좋을 때나 나쁠 때나 항상 하나님을 믿는 본보기를 보이신 부모님 덕에 나는 낙천적인 태도를 가질 수 있었다.
아들인 제이콥이 태어났을 때 나는 아이에게 위험한 심장 질환이 있다는 걸 몰랐다. 신생아 검진 후에 비로소 그 사실을 알았다. 병원에 앉아 있는 동안 감정은 거세게 요동치고 가슴에선 모유가 흘러 셔츠를 온통 적셨다. 그 상태에서 제이콥이 살아 있는 것 자체가 행운이며 생명을 유지하려면 즉시 혈관 성형술을 받아야 한다는 걸 알게 됐다.

제이콥은 첫 번째 수술로 목숨을 건졌지만 앞으로 각별히 주의를 기울여야 하고, 그 조그마한 심장은 몇 차례 더 수술을 받아야 한다고 했다. 아이가 첫 수술에서 회복되었을 무렵 나는 당황하고 두렵고 화가 난 상태였다. 특히 하나님께 화가 났다. 나는 네 명의 남자아이를 입양해 힘들게 키워 왔고 그 아이들에게 정말 최선을 다했다. 그래서 하나님께서도 내 그런 고생에 대한 보답으로 건강한 아이를 낳게 해 주셔야 했다고 생각했다.

하지만 곧 나의 타고난 낙천주의, 그리고 최선을 다해 문제를 해결하려는 의지가 고개를 들었다. 어린 시절의 믿음을 더욱 굳게 다졌고, 시련 속에서도 내가 하나님을 믿고 있다는 사실을 깨달았다. 나는 먼저 제이콥을 담당하는 의료진들과 친해졌다. 제이콥과 나를 돌봐주는 훌륭한 분들이었다. 또 제이콥의 병에 대해 공부하고 아이에게 필요한 것이 무엇인지 최대한 알려고 애썼다.

집에서는 마치 엄마 곰이 새끼를 보호하듯 아이가 세균에 감염되지 않도록 조심하고 아이의 행동을 주의 깊게, 때로는 지나칠 정도로 주의 깊게 관찰했다. 제이콥이 좀 더 컸을 때 담당 심장 전문의 선생님께서 보통 남자애들이 하는 건 그냥 하게 놔두라고 충고를 하셨을 정도였다. 예를 들면 길을 혼자 건너는 것 정도는!

제이콥은 열 살이 되었을 때 심장 절개술을 받아 병이 완치되었고, 이제 건강하고 활동적인 생활을 할 수 있게 되었다. 그때부터 나는 심장병 어린이의 어머니들을 돕는 일에 참여하게 되었고 소아 심장병 치료 기금 마련을 위한 재단까지 설립하게 되었다.

- 보니, 여섯 아이의 엄마

엄마들의 통계

〈엄마가 되는 일은 나를 어떻게 변화시켰나?〉

• 더 유연하게 만들었다 : 93.9%

• 덜 유연하게 만들었다 : 6.1%

 엄마들의 통계

〈내 삶에 변화가 생겼을 때 나는 어떻게 대처하는 편인가?〉

• 흐름에 몸을 맡긴다 : 15.5%

• 재빨리 적응하기 위해 노력한다 : 33.5%

• 먼저 마음을 가라앉히려고 노력한 후 그다음에 적응해 나간다 : 27.3%

• 보통 적응하기 전에 한동안 난감함을 느낀다 : 20.6%

• 앞으로 나아가는 것이 힘들다 : 3.1%

육아 초기의 힘든 상황을 이겨내는데 보니의 유연성이 어떻게 도움이 됐는지 살펴보았다. 여러분은 보니가 낙천주의자이고, 어린 시절부터 새로운 환경에 적응하는 법과 관계를 빠르게 형성하는 법을 배웠으며, 부모님께서 신앙의 모범이 되어주었다는 사실에 주목했을 것이다. 보니의 기질과 인생 경험이 제이크를 키우는 방식에 영향을 미친 것처럼 여러분의 자아도 여러분의 육아 방식에 영향을 미칠 것이다.

유연한 자아를 지닌 엄마는 다음과 같은 것들을 가질 수 있다.

- 엄마로서 마주치게 되는 힘든 일들에 대처할 수 있는 강인함

- 부모로서 결정을 내리는 데 필요한 통찰력

- 반응과 행동을 조절할 수 있는 자기 통제력

- 필요할 때 도움을 요청할 수 있는 겸손함

- 적어도 일주일에 한 번은 좋아하는 일을 할 수 있는 자존감

- 변화에 대처할 수 있는 유연성

- 감사와 공감을 표현할 수 있는 마음

- 갈등과 스트레스를 조절할 수 있는 융통성

- 자신의 능력을 활용할 수 있는 결단력

- 꾸준히 지속되는 모임을 만들 수 있는 진정성

- 자신이 중요하다고 믿는 가치대로 살아갈 수 있는 진실성

- 엄마가 된 후로 나는 더 유연해졌나, 혹은 덜 유연해졌나?

- 엄마가 된 후에 나는 무엇을 위해서 나의 내면을 깊이 파고들어야 했나?

유연성을 키우는 네 가지 훈련

- 운동, 편안한 음악 듣기, 또는 매일의 일상을 기록하기 등과 같은 스트레스 대처법을 적어도 한 가지쯤은 마련해 둬라.

- 위기 상황에 대비한 계획을 세워 둬라. 여러분은 인생에서 어떤 상황을 가장 두려워하는가? 그 상황이 닥쳤을 때 시도할 수 있는 방법의 목록을 만들어 둬라.

- 스트레스 요인을 줄여라. 자신의 삶에서 규칙적으로 스트레스를 유발하는 것들의 목록을 만들어라. 그리고 그중 하나를 선택해 그것의 영향을 줄일 방법을 찾아라.

- 도움이나 해결책, 조언 등을 요청하는 법을 배워라. 어떻게 말해야 할지 글로 써 보고 거울을 보며 연습해 보라. 내게 진정으로 필요한 것은 무엇인지 자신에게 물어보는 법을 익혀라.

1. 나 자신부터 알아야 한다

나는 어떤 타입의 엄마일까?

육아는 자기 자신을 발견해 가는 과정이다. 나는 내 딸을 사랑한다. 딸을 안고 젖을 먹이고 어르는 모든 일은 내게 놀라운 경험이었다. 하지만 동시에 나 자신을 잃지 않기 위해 힘겹게 노력해야만 했다. 육아 초기에 내 머릿속은 의문으로 가득 차 있었다. 이 조그만 아이 옷과 양말들을 정리하는 능력은 어디에서 온 걸까? 모유 수유에 관한 수많은 의견에 나는 왜 이렇게 혼란을 느낄까? 아이의 각기 다른 울음소리에 어떻게 이렇게 빨리 적응했을까? 지금 상태에 만족하면서도 왜 탁아 시설들을 알아보느라 몇 시간씩 보내는 걸까? 이러한 수많은 질문에 어떻게 대처할 것인지를 결정하는 것이 바로 우리의 기질이다.

여러분은 내향적인가, 외향적인가? 인간 지향적인가, 과업 지향적인가? 현실적으로 생각하는가, 추상적으로 생각하는가? 우리는 태어날 때부터 특정한 기질, 즉 우리 자아의 기초가 되는 각기 뚜렷한 성격과 개성을 지니고 있다. 아이들을 보고 있으면 아주 어릴 때부터 성격이 드러난다. 어떤 아기는 주변에 사람이 많은 것을 좋아하고 어떤 아기는 일대일로 돌봐주는 것을 좋아한다. 어떤 아기는 끊임없이 움직이고, 어떤 아기는 엄마 무릎에 앉아 플랩북*lift-the-flap book : 페이지 위에 덧대어져 있는 그림을 들추면 또 다른 그림이 나오는 형태의 유아용 책-옮긴이*을 볼 때 가장 행복해한다. 어떤 아이는 놀이터의 상황을 주의 깊게 살

핀 후에 놀이에 참여하고, 어떤 아이는 생각 없이 뛰어들어간다. 기질은 우리가 세상을 보는 렌즈와 같다. 파란 렌즈를 지닌 이도, 노란 렌즈를 지닌 이도, 빨간 렌즈를 지닌 이도 있다. 자신의 기질을 제대로 알면 육아에 어떤 도움이 될까?

첫째, 우리 자신의 모습, 우리가 내리는 선택, 우리가 행동하는 방식을 있는 그대로 받아들일 수 있다. 내향적인 엄마의 인생에는 혼자 있는 시간이 반드시 필요하다는 사실을 이해한다면 아기로부터 떨어져 혼자 있고 싶은 욕구를 죄책감 없이 받아들일 수 있을 것이다.

둘째, 우리가 다른 사람들에게 반응하는 방식을 이해할 수 있다. 친구가 보통 사람들처럼 세일하는 브랜드의 기저귀를 그냥 집어 들지 않고 제일 좋은 브랜드를 찾느라 몇 시간씩 보내는 걸 보고 짜증이 날 때, 우리가 그냥 다르게 태어났다는 사실을 안다면 친구를 더 편하게 이해할 수 있을 것이다.

셋째, 우리의 성격이 주변 사람들, 특히 우리 아이들에게 어떤 영향을 미치는지 알게 된다. 자유분방한 엄마라 해도 아이에게 신중하게 짠 계획과 질서정연한 일상이 필요하다는 것을 안다면 자신의 삶의 방식을 아이에게 맞춰 가기 위해 노력하게 될 것이다.

작가 도나 팔토우*Donna Partow*는 자신의 책《여성의 성격 유형 가이드*A Woman's Guide to Personality Types*》에서 우리의 기질을 파악할 수 있는 또 다른 방법을 제시한다. DiSC 행동 유형 분석법에 기초하여 팔토우는 성격 유형을 크게 네 가지로 나누고 있다. 아래의 내용은 각 타입의 기본적인 특성과 행동 유형을 요약한 것이다.

지도자 타입 : 통제하고 싶어 한다

- 특성 – 적극적인 의지, 원하는 결과를 얻으려는 욕구
- 스트레스를 받을 때 – 폭발한다
- 다른 사람들에게 원하는 것 – 존경, 자신의 생각을 인정받는 것

치어리더 타입 : 즐기고 사랑받고 싶어 한다

- 특성 – 감정적, 상대방의 마음을 움직이려는 욕구
- 스트레스를 받을 때 – 매우 감정적으로 반응하고 대화한다
- 다른 사람들에게 원하는 것 – 동의, 우정, 배려

연구자 타입 : 완벽을 기한다

- 특성 – 논리적, 모든 걸 완벽하게 하려는 욕구
- 스트레스를 받을 때 – 포기하고 부정적으로 생각한다
- 다른 사람들에게 원하는 것 – 확신, 자신의 능력을 인정받는 것

멘토 타입 : 모든 걸 편안하게 생각한다

- 특성 – 수동적 의지, 남을 돕고자 하는 욕구
- 스트레스를 받을 때 – 포기하고 지친다
- 다른 사람들에게 원하는 것 – 진실한 공감과 조화

자신의 기질을 알면 그중에서 장점을 활용할 수도 있고, 동시에 약점을 알

고 그 영향을 줄일 수도 있다. 예를 들어, 보니는 자신의 성격 덕에 제이콥의 치료진들과 빠르게 관계를 형성할 수 있었는데 이것은 장점이다. 반면 지나치게 꼼꼼한 경향 때문에 아들을 과잉보호하게 된 것은 약점이라고 할 수 있겠다.

- 여러분의 기질은 여러분의 육아에 어떤 영향을 미치고 있는가?
- 친구에게 여러분의 타입을 물어보고 친구의 타입도 알려줘라.
- 내가 보는 나의 모습과 남이 보는 나의 모습을 서로 비교해 보라.

개인적인 경험을 활용하기

싱글맘인 어머니 밑에서 외동딸로 자란 나의 친구 알렉스의 예를 살펴보면 과거의 경험이 우리의 자아에 어떻게 영향을 미치는지 알 수 있을 것이다. 알렉스는 유년기의 대부분을 여행을 하면서 보냈다. ESL*English as a second language: 영어를 모국어로 쓰지 않는 사람들을 위한 제2언어로서의 영어-옮긴이* 교사였던 그녀의 어머니는 항상 세계 곳곳으로 옮겨 다녔다. 알렉스도 어머니를 따라다녔다. 바르셀로나에서 오징어 요리를 먹었던 일, 이탈리아의 포도주 양조장을 방문한 일, 멕시코시티 외곽에 있는 피라미드에 갔던 일 등이 그녀의 기억 속에 남았다. 초등학교 4학년이 되었을 무렵, 알렉스는 이미 2개국에서 다섯 군데의 학교를 경험한 후였다. 그리고 각기 다른 곳에서 사는 삶은 각기 다른 모양과 소리, 냄새, 맛을 지니고 있음을 알게 되었다.

하지만 알렉스의 경험이 긍정적이기만 한 것은 아니었다. 끊임없이 옮겨 다닌 탓에 알렉스는 어디에서도 소속감을 느낄 수가 없었다. 형제자매도 없고, 아버지도 안 계시고, 조부모님도 돌아가신 환경에서 그녀는 자신이 어딘가에 깊이 뿌리박고 있지 못하다고 느꼈다. 같은 기억을 공유하는 더 큰 가족이나 공동체가 간절히 그리울 때가 많았다.

그러다 데릭을 만나 결혼했다. 데릭의 고향은 그의 어머니의 고향이기도 했다. 3대가 한 곳에서 자랐기 때문이다. 알렉스는 데릭이 지닌 강한 뿌리 의식과 소속감을 보며 대가족의 장점을 느꼈다. 알렉스는 아이들에게 아빠 쪽과 엄마 쪽의 가족 형태 모두를 경험하게 해 주고 싶었다. 즉, 좀 더 전통적이고 안정적인 가정에서 키우는 동시에 하나님이 만드신 더 넓은 세상을 보여 주고 싶었다.

세 딸의 엄마가 된 알렉스는 자신의 경험을 받아들이고 새롭게 발전시켜 아이들에게 물려주고 있다. 알렉스와 데릭은 주거지와 직장, 학교를 결정할 때마다, 아이들이 더 넓은 세상을 접할 수 있으면서도 동시에 안정감을 느낄 수 있는 곳을 주의 깊게 고른다.

〈디어 애비*Dear Abby: 미국의 여러 신문에 게재되는 유명한 인생 상담 칼럼─옮긴이*〉에서는 현재의 삶에 영향을 미치는 과거의 힘에 관하여 이런 충고를 한 적이 있다: "당신의 과거가 당신의 현재를 결정하게 하지 말고, 당신 미래의 일부가 되게 하세요." 이 충고는 옳다. 우리의 과거는 우리 자신의 일부이지만 우리가 누구인지, 어떻게 아이를 키울 것인지를 결정해 줄 수는 없다.

알렉스와 같이 우리는 각자 다양한 인생 경험을 지닌 채 엄마가 되며, 이것을 받아들이고 새롭게 발전시켜 아이들에게 나눠 주어야 한다. 어떤 문화와 환경에서 자라고 어떤 양육과 교육을 받았는지가 이 경험에 포함된다.

 엄마들의 통계

〈인생 경험을 돌아볼 때〉

- 83.5%의 엄마들은 어렸을 때 사랑을 받으며 안전하게 잘 자라고 있다고 느꼈다.
- 16.5%의 엄마들은 그렇지 못했다고 말했다.

목소리

〈유년기의 어떤 경험이 내 육아에 영향을 미쳤는가?〉

- 언제든 내가 안전하다는 느낌을 받았던 것 – 젠, 여섯 아이의 엄마

- 우리가 기실에 요새를 지어 놓고 며칠 동안 허물지 않아도 그냥 자연스럽게 놔두던 엄마의 육아 방식 – 수지, 세 아이의 엄마

- 화를 푸는 방법의 문제. 우리 엄마는 내가 어릴 때 사흘씩 아무 말도 하지 않기도 했다. 난 그게 정말 싫었다. 터놓고 얘기하고 끝내 버리는 편이 낫다고 생각한다. – 베스, 한 아이의 엄마

- 스스로 할 일을 찾는 법을 배운 것. 나는 내 상상력을 이용해 끊임없이 움직여야 했고 그런 경험을 통해 느긋하고 융통성 있는 사람으로 자랄 수 있었다. – *로라-진, 세 아이의 엄마*

- 열한 살 때 엄마가 돌아가신 후 나는 주어진 시간을 최대한 이용해야 한다는 사실을 깨달았다. 뭔가를 할 수 있는 시간이 언제 끝날지 모르기 때문이다. – *캐시, 세 아이의 엄마*

여러분이 어떤 부류에 속하든 여러분의 인생 경험은 육아 방식에 영향을 줄 것이다. 여러분에게는 가족의 경험을 만들어 가야 할 책임이 있다. 우리가 누구인지, 어떤 엄마가 되길 원하는지 알려면 우리의 인생 경험을 돌아봐야 한다. 혼자서도 좋고 믿을 만한 친구나 멘토, 카운슬러와 함께라도 좋다. 어떤 경험이 아이를 키우는 일을 더 수월하게 해 주고 어떤 경험이 더 힘들게 만드는가? 그러한 인생 경험으로 말미암아 여러분이 행동하고 변화하는 방식이 바로 여러분 자아의 유연성을 결정하게 된다.

- 어렸을 때 내 신체적 욕구(안전, 건강, 음식, 주거), 감정적 욕구, 그리고 더 고차원적 욕구(존경, 신뢰, 창의적인 생각을 할 수 있는 시간)들은 무엇을 통해 충족되었나? (혹은 무엇 때문에 충족되지 못했나?)

- 이러한 경험은 어떤 때에 나의 육아에 영향을 미치는가?

- 내 아이에게 물려주고 싶은 인생 경험은?

- 새롭게 발전시키고 싶은 인생 경험은?

만약 여러분의 인생 경험 중에 특별히 학대, 유기, 정신 질환, 가까운 이의 죽음, 혹은 약물 남용 등의 문제가 있었다면 전문 카운슬러에게 상담을 받는 것이 좋다. 친구, 동료, 교회 스탭, 전문 의료진, 보험 회사, 또는 지역 보건소도 훌륭한 조력자가 되어줄 수 있다.

나쁜 감정을 통제하는 법

"어떻게 감히 내 아들한테 손을 대!" 한 젊은 엄마가 가게 점원에게 소리를 질렀다. 고장 난 에스컬레이터 앞에 서 있던 아이를 다른 곳으로 안내하려던 점원은 깜짝 놀랐고, 소리를 지른 엄마 역시 자신에게 놀라고 당황했다. 낯선 사람에 대한 그런 갑작스런 공포는 어디서 온 것일까? 그녀는 혹시 어렸을 때 이웃집 친구가 유괴당한 후 느꼈던 두려움이 원인은 아닐까 생각했다. 아이를 키우면서 매우 격한 감정을 표출하는 경우가 있다. 행복, 기쁨, 인정과 같은 감정들은 강한 자아를 형성하는 데 긍정적인 작용을 한다. 반면 죄책감, 슬픔, 괴로움, 분노와 같은 감정들은 우리의 유연성을 해친다. 이런 부정적인 감정들이 지배하도록 놔둘 경우, 아이들에게 긍정적인 환경을 만들어 주지 못할 수도 있다.

누구에게나 부정적인 감정을 불러일으키는 부서지고 상처 입은 부분이 존재한다. 그런 상처 중에는 강제로 얻게 된 것도 있고, 우리가 자초한 것도 있다. 질투가 나서 동생을 괴롭힌 기억이나 말을 더듬어서 놀림을 받았던 기억, 혹은 '너 정말 멍청하다, 어떻게 제대로 하는 게 하나도 없니?'라는 비난에 시달렸던 기억들은 어떻게 극복해야 할까?

때로는 엄마가 된 후의 경험이 우리에게 감당키 힘든 감정을 안겨 주기도 한다. 일자리를 잃은 뒤 '푸드 뱅크'*Food Bank: 식품의 생산, 유통, 판매 과정에서 발생하는 남는 농산물이나 낭비되는 음식물을 기부 받아 빈곤층이나 복지시설에 무료로 배포하는 단체—옮긴이* 앞에 줄을 설 때 느껴지는 수치심이나 어질러진 것들을 치우는 데 지쳐서 아기를 놀이울*playpen* 안에 계속 놔둘 때 찾아오는 죄책감에는 어떻게 대처해야 할까? 하루 종일 끊임없이 아이들을 돌보다가 완전히 지쳐서 저녁 식사를 준비하다 말고 가족들에게 분노를 터뜨리게 된다면? 내가 부정적인 감정들을 극복하는 데 도움을 준 세 단계의 방법을 아래에 소개한다.

- 평가 : 부정적인 감정(죄책감, 수치심, 후회, 분노 등)의 원인이 된 경험은 무엇인가?
- 지정 : 이 경험은 누구의 책임인가?(때로는 백분율로 따져 보는 것도 도움이 된다)
- 문제 제기: 어떻게 감정적 치유를 얻을 것인가?

이 세 단계의 절차를 아래의 사례에 적용해 보자. 가끔은 우리 자신의 감정과 싸우기 전에 다른 사람의 감정에 대해 생각해보는 것도 도움이 된다.

태미의 엄마와 새아빠는 매일 저녁 6시까지 일을 했다. 10대 초반이었던 태미는 어린 동생 셋을 돌보고 저녁 식사를 준비하는 역할을 맡고 있었다. 어느 날 저녁 파스타 물을 불 위에 올려놓고, 태미는 두 동생의 싸움을 말리기 위해 거실로 갔다. 그리고 태미가 주방을 비운 동안 세 살짜리 여동생 테사가 냄비를 휘젓다가 큰 화상을 입었고 결국 몸에 보기 싫은 흉터가 남았다. 태미가 예상한 대로 새아빠는 그 사고의 책임을 태미에게 돌리며 조심성 없고 무책임하며 바보 같은 아이라고 혼을 냈다. 이미 오래전 일이지만 태미는 아직도 딸과 함께 주방에 있을 때면 그 수치스러웠던 단어들이 끊임없이 머릿속을 맴돌며 죄책감과 두려움을 불러일으키는 것을 느낀다.

- 평가 : 태미의 부정적 감정의 원인이 된 경험은 무엇인가?
  - 예상 답변 : 어릴 적 태미가 집을 보던 중 발생한 여동생의 사고
- 지정 : 이 경험은 누구의 책임인가?
  - 예상 답변 : 태미, 싸움을 한 두 동생, 태미에게 너무 많은 책임을 맡긴 엄마와 새아빠
- 문제 제기: 태미는 어떻게 감정적 치유를 얻을 것인가?
  - 예상 답변 : 자기 자신을 용서한다, 그 일에 대해 여동생과 대화한다

과제

- 내가 아이를 키우면서 가장 많이 느끼는 감정은 어떤 것인가?
- 이 감정은 내 아이들에게 어떤 영향을 미치는가?
- 현재 나의 자아에 영향을 미치는 부정적인 감정에 대해 위와 같이 평가해 보는 시간을 가진다.

용서만이 정답이다

우리 가족은 맏딸인 브리타니가 세 살 때, 가족이 없는 네 살짜리 여자아이를 만났다. 우리는 위탁 가정 자격증을 받은 뒤 그 아이를 맡기로 결정했다. 그런데 일 년 후, 담당 사회복지사가 바뀌었다. 새로 온 사회복지사는 우리 가족과 아이가 인종적으로 맞지 않는다고 생각해 우리가 키우던 아이를 다른 가정으로 보내려고 했다.

우리는 입양 절차를 진행해 보려고 여러 가지 방법을 동원했지만 결국 5개월 후에 그 아이는 다른 친척 집으로 보내졌다. 덕분에 나중에 생모와 다시 만나는 좋은 결과를 얻긴 했지만, 당시 남편과 나, 브리타니가 받은 상처는 깊었다. 나는 그 사회복지사와 나 자신을 용서하기 위해 무진 애를 써야 했다. 브리타니에게 '영원히 함께할 언니'를 만들어 주겠다는 약속을 지키지 못하고 오히려 잊지 못할 상실감을 안겨 준 것이 너무 미안했다.

사회복지사를 용서하는 건 차라리 쉬운 일이었다. 아주 쉽지는 않았지만 딸에게 감정적 고통을 안겨 주고 약속을 지키지 못한 나 자신을 용서하기가 훨씬 더 힘들었다. 사실 지금도 가끔 죄책감 때문에 괴로워질 때가 있다. 특히 브리타니가 다른 사람과 관계를 맺는 것에 어려움을 느낄 때 그렇다. 그 애 마음속에서 또다시 좋아하는 누군가를 잃게 될지도 모른다는 두려움이 생겨나는 것이다. 부끄러운 마음이 검고 큰 얼룩처럼 머릿속에 번지기 시작하면 그것이 내 자아를 지배하기 전에 지워 버려야만 한다. 나는 경험을 통해 자책은 아무런 도움이 되지 못하며 빨리 나 자신을 용서해야만 한다는 것을 배웠다. 루이스 B. 스미즈*Lewis B. Smedes*가 쓴 다음 글이 내게 위로를 주고 의욕을 되찾아 주었다.

용서는 여행이다. 때로는 긴 여행이 되기도 한다. 완전한 치유에 도
달할 때까지 시간이 좀 걸릴 수도 있지만 다행인 것은 가는 도중에
도 치유를 받는다는 사실이다. 진심으로 용서한다는 것은 죄수를 풀
어 주는 일과 같다. 우리는 우리가 풀어 준 그 죄수가 바로 우리 자
신이었음을 깨닫게 될 것이다.

누구에게나 자신의 이야기가 아니었으면 하는 기억이 있다. 이 중에는 우리
자신의 선택으로 얻게 된 기억도 있고, 그렇지 않은 것도 있다. 자신과 다
른 사람들을 용서하는 일은 힘들고 시간이 오래 걸릴지도 모른다. 하지만
용서가 엄마의 자아에 미치는 긍정적인 영향은 어마어마하게 크다. 의학계
의 연구 결과, 용서는 다음과 같은 효과가 있다고 한다.

- 혈압 저하
- 스트레스 감소
- 분노 조절 능력의 향상
- 약불 남용의 위험 감소
- 우울과 불안 증상의 감소
- 더 많은 친구 관계
- 더 건강한 친구 관계
- 더 큰 영적 행복

반대로 용서하지 않는다면, 엄마와 아이 모두 힘들어진다. 분노의 폭발, 원한으로 말미암은 소속감과 공동체 의식의 파괴, 복수심으로 얼룩진 혼잣말, 낮은 자존감 등으로 향하는 문이 열리게 되는 것이다.

실제사례 – **용서는 가치 있는 일이다**

블로그의 '글 올리기' 버튼을 누르면서 어느 정도는 문제가 생길 것을 예상하고 있었다. 논란을 일으킬 수 있는 주제라는 것도 알고 있었고 사실대로 얘기할 때 발생할 수 있는 위험도 따져 보았다. 하지만 친구 사이의 우정에 위기가 닥칠 거라고는 예상치 못했다.

포스팅을 하자마자 몇 분도 지나지 않아 비난과 실망의 내용을 담은 이메일들이 날아들었다. 인터넷 메신저에도 메시지가 빗발쳤다. 사실을 전하려는 의도로 시작했던 일이 오해와 분노를 일으키고 가십거리로 전락했다. 글의 내용에 화가 난 친구가 또 다른 친구에게 알렸고 그 친구도 그 얘기를 듣고 화를 냈다. 그리고 모두 나에게 항의를 했다.

나는 오해를 받고 상처를 입었다. 친구들 또한 화가 나고 상처를 받았다. 단순히 위기라고 부르는 것으로는 모자랐다. 그것은 내 인생의 재앙이었다. 내 여자 친구들로 이루어진 하나의 세계가 무너지고 있었기 때문이다. 나는 그날 밤 새도록 내가 쓴 글의 단어 하나하나를 되짚으며 친구들이 어떻게 오해를 하게 됐는지를 생각했다. 나 자신을 변호하기 위해 해야 할 말들을 마음속으로 연습하고 나에게 상처를 준 친구들의 말을 곱씹었다. 중학교 때 이후 처음으로 친구들과의 문제 때문에 울다 지쳐 잠이 든 밤이었다.

울며 밤을 보낸 후, 나는 내가 선택할 수 있는 방법을 생각해 보았다.

- 이 일에 관련된 사람들을 피함으로써 더한 괴로움을 피한다.

  (상대가 가장 친하고 사랑하는 친구들일 경우에는 좀 힘든 일이다.)

- 나를 변호해 줄 사람들을 모아 끝까지 싸워 본다.

  (어린애가 아니라면 이런 싸움에 승자는 없다는 것 정도는 알고 있을 것이다.)

- 힘들겠지만 상처받은 친구들과 솔직하게 직접 부딪힌다. 용서가 필요한 부분에 대해서는 사과를 하고 사과를 받아야 하는 부분에 대해서는 용서를 한다.

나는 세 번째 방법을 선택했다. 그것이 올바른 일이라는 것을 알고 있었고 또 내가 엄마로써, 한 여자로써 인생을 살아나가는 데는 여자 친구들과의 우정이 반드시 필요했기 때문이다. 힘들고 고통스럽고 위험한 시도였다. 곱게 오해를 풀 수 있는 방법이란 없었다. 당연히 눈물이 흐르고 언성이 높아졌다. 처음 친구들과 얼굴을 마주하게 되었을 때 나는 속이 메슥거릴 정도로 긴장하고 있었다. 그리고 우리는 기억에 남을 교훈을 얻었다. 결과가 어땠냐고? 멋쩍은 미소는 킥킥거림과 큰 웃음으로 변했고 우리에겐 새로운 추억이 하나 생겼다.

— 트레이시, 세 아이의 엄마

우리는 어떻게 우리 자신과 다른 사람들을 용서할 수 있을까?

• 37페이지에 언급된 용서의 장점을 다시 읽어 보라. 그리고 우리가 용서하지 않을 때 어떻게 되는지 생각해 보자. 여러분이 정말 원하는 것은 무엇인가?

- 여러분이 용서해야 할 불쾌한 경험은 무엇인가?

- 그 일에 관련된 다른 사람과 그 경험을 조심스럽게 얘기해 보자.

- 다른 사람과 이야기하는 것이 불가능하거나 혹은 용서해야 하는 것이 자기 자신이라면 그 불쾌한 경험을 글로 적어 보자.

- 용서를 선택하라. 괴로움과 분노, 후회, 복수심을 잊어버려라.

- 용서했다는 사실을 상징적인 행동으로 표현해 보자. 함께 식사를 하거나, 악수를 하거나, 화난 내용을 종이에 적은 후 찢어버리는 것도 좋다.

- 하나님을 통해 용서하고, 지혜와 나아갈 길을 인도받으며, 치유를 얻으라. 하나님은 이런 일에 경험이 많으신 분이다.

서로 인자하게 하며 불쌍히 여기며 서로 용서하기를 하나님이 그리스도 안에서 너희를 용서하심과 같이 하라. – 에베소서 4장 32절

여러분 자신과 다른 사람들을 무조건 용서하라. 누구나 실수를 한다. 그 실수를 용서해야 여러분의 자아가 망가지는 것을 피할 수 있으며 엄마와 아이 모두 유연하게 성장해 갈 수 있다.

과제

- 용서하는 데 있어 가장 큰 장애물은 무엇일까?

- 용서를 했던 경험은 내게 어떤 교훈을 주었나?

- 나는 무엇을 용서할 필요가 있는가?

우울증에 대처하기

어머니라는 이미지를 상상할 때 우리 머릿속에는 비 오는 날 노란색 고무장화를 신고 진흙탕에서 물을 튀기는 아이의 모습 같은 것들이 지나간다. 행복, 만족, 기쁨…… 보통 어머니 하면 떠오르는 감정은 그런 것이 아닐까? 우울증을 경험하는 20~25%의 여성에 자신이 포함될 수도 있다는 사실은 아무도 상상해 보지 않은, 혹은 생각하고 싶지도 않은 일이다. 하지만 우울증은 여성들, 특히 아이를 낳고 기르는 나이의 여성들이 가장 주목해야 할 정신 질환이다. 산후 우울증*PPD*, 생리 전 증후군, 폐경 전후 증후군, 겨울 우울증, 생화학적 불균형 등이 엄마들이 경험하는 가장 흔한 형태의 우울증이다.

우울증이라니, 생각만 해도 두려운 일이다. 감당할 수 없는 슬픔, 자신이 쓸모없다는 느낌, 일상과의 괴리감. 이런 감정은 엄마에게도 아이에게도 좋지 않다. 하지만 우리는 극복할 수 있다. 우울증을 겪다가 회복된 엄마와 그 가족들은 어떻게 살고 있을까? 그들의 모습이 담긴 온라인 사진첩을 둘러보면서 나는 깨달았다. 행복하고 정상적인 모습으로 되돌아갈 수 있다는 것을. 이 행복하고 정상적인 모습의 가족들이 여성 우울증 환자들에게 희망을 준다. 우울증은 반드시 치료할 수 있다.

무엇보다 최대한 빨리 치료를 받는 것이 중요하다. 따라서 우울증의 증상과 도움을 요청할 방법을 알아두는 것이 필수적이다. 치료받지 않은 채 우울증을 오랫동안 방치하면 아이도 어떤 형태로든 우울증을 경험할 확률이 높아진다.

소아과 의사이자 아이를 키우는 엄마, 그리고 한때 우울증 환자였던 캐리 카터 박사는 치료를 받는 과정을 이렇게 묘사한다.

어둡고 격리된 곳에 있을 때는 '밧줄'을 던져 우리를 끌어올려 줄 누군가가 필요하다. 그 '밧줄' 혹은 치료는 사랑하는 사람들의 지원이라는 형태로 올 수도 있고 카운슬러의 도움이나 정신과 의사의 약물치료 혹은 이 모든 것을 다 합한 형태일 수도 있다! 여러분이 할 일은 도움이 필요하다는 사실을 다른 사람들에게 알린 뒤 내려오는 '밧줄'을 잡고 버티는 것이다.

카터는 다음의 증상 중 다섯 가지가 넘는 증상을 2주 이상 경험하고 있는 엄마들은 치료를 받아야 한다고 이야기한다.

- 슬픔, 비참함, 눈물
- 지나치게 많이 자거나 혹은 잠을 자지 못한다.
- 기운이 없다.
- 예전에 좋아하던 일에 흥미가 없어졌다.
- 화를 잘 낸다.
- 생각하거나 집중하는 것이 어렵다.
- 입맛이 갑작스럽게 바뀌었다.
- 신체적인 불편함을 느낀다.
- 자신이 쓸모없다고 느껴진다.
- 자살이나 죽음을 생각한다.

우울증은 치료받아야 한다. 위에 설명된 증상을 다섯 가지 이상 경험하고 있다면 당장 의사와 상담해야 한다. 자신의 증상을 자각하지 못하는 경우도 있으니 (혹은 자각하고 싶지 않거나) 친구에게서 이러한 증상이 보이면 도움을 청할 수 있도록 용기를 줘라. 그렇게 함으로써 친구에게 우정과 도움의 밧줄을 내려 주는 것이다. 우울증에 걸린 엄마에게 친구 관계와 공동체는 커다란 도움이 될 수 있다.

 실제사례 - **산후 우울증을 넘어**

나는 내 딸 라일리가 완벽한 유아기를 보내게 해 주고 싶어서 꼼꼼하게 출산을 준비했다. 하지만 아기의 심한 배앓이 같은 상황에 미리 대비할 방법이 과연 있을까 싶다. 나는 라일리를 위해 최선을 다했다. 그러나 몇 달 동안 끊임없이 우는 아이와 불면의 밤을 보내고 난 후, 나는 항상 슬픔에 잠겨 살았고 그토록 기대했던 엄마로서의 역할에서 어떤 기쁨도 찾을 수가 없었다.

나는 면허를 받은 심리 치료사였고 과거에 우울증을 경험한 적도 있었지만 당시 내 증상을 알아차리지 못했다. 아마 엄마가 된 후 달라진 일상에 정신이 팔려 있었기 때문일 것이다. 라일리를 안아 주고, 기저귀를 갈아 주고, 한밤중에 수도 없이 일어나 달래 주고, 유축기를 씻어 주는 것 같은 일들 말이다. 다행히도 라일리가 태어난 지 약 6개월 후에 한 친구가 내게 산후 우울증을 겪고 있는 게 아니냐고 물었다. 같은 생각을 하던 친구 몇 명과 상의를 해 본 후 담당 산부인과 의사를 찾아갔고 그분은 내게 우울증 테스트를 받게 했다. 30점 만점에 10점 이상이면 산후 우울증일 가능성이 크다고 했는데 나는 21점을 받았다. 내 친구들 말이 옳았던 것이다.

진단을 받고 나니 오히려 안심이 됐다. 내가 겪고 있는 병이 무엇인지를 알면서 한시름 놓게 된 것이다. 하지만 라일리에게 내가 꿈꿔온 것처럼 완벽한 유아기를 보내게 해주지 못했다는 사실에 실망했다. 나는 물었다. "왜 나만 이렇지? 왜 나는 처음부터 모든 것을 잘해낼 수 없었던 거지?"

그 후 약물치료를 받고, 카운슬러를 만나고, 라일리와 잠깐씩 떨어져 쉬는 시간을 가졌다. 좋은 친구들이 나와 함께해 주었다. 규칙적인 낮잠과 운동도 도움이 되었다. 일주일에 두 번씩 받는 상담을 통해 내가 처한 상황을 제대로 볼 수 있게 되었다. 상담을 받는 날에는 라일리의 할머니가 아이를 돌봐준다. 라일리는 아주 잘 크고 있다. 이제 한 살이 다 된 그 아이는 마치 핵폭탄처럼 장난기가 넘치고 엄청나게 모험심이 강하다. 그리고 우리는 항상 꼭 붙어산다. 라일리는 대부분의 시간을 내 등에 엎드려 행복하게 보낸다.

우울증의 실제 경험자이자 전문 심리 치료사로서 내가 여러분에게 상기시켜 주고 싶은 점은 우리 엄마들은 무한한 능력을 지닌 존재가 아니라는 것이다. 하지만 아이들에게는 종종 그런 존재가 필요하다. 따라서 우리는 서로 도와야 한다! 우리는 엄마들끼리의 교류가 쉽지 않은 문화에서 살고 있다. 혼자 차를 운전하고, 혼자 요리를 하고, 혼자 빨래를 하고, 혼자 아이들을 돌본다. 우리는 엄마들을 하나로 묶을 방법을 찾아야 한다. 함께 요리를 하고, 마트까지 함께 카풀을 하고, 돌아가면서 한 집에서 빨래를 하고, 엄마들 모임에도 참여하는 것이다. 나는 어려울 때 기꺼이 나를 도와주는 친구들이 있어 항상 감사하게 생각한다. 다른 엄마들과 돈독한 관계를 쌓을 때 여러분과 여러분의 아이 모두 더 행복하고 건강해질 것이다. 그리고 다른 엄마의 (혹은 여러분 자신의) 우울증이 의심될 때면 되도록 빨리 전문가의 도움을 받도록 해야 한다.

– 켈리, 한 아이의 엄마

엄마들의 통계

〈나는 산후 우울증을 경험한 적이 있다.〉

- 그렇다 : 41%
- 아니다 : 59%

- 우울함을 느꼈거나 혹은 우울증 증상을 경험했던 일을 글로 적어 보라. 그런 경험을 변화시키는 데 도움이 된 것은 무엇인가?

- 나를 지속적으로 지켜봐 달라고 부탁할 수 있는 가족이나 친구는 누구인가?

[복 습]

〈나 자신을 아는 일은 유연한 자아를 형성하고 유지하는 데 꼭 필요하다.〉

- 자신의 내적인 기질을 이해하고 포용해야 더 좋은 엄마가 될 수 있다.

- 우리는 각자 다양한 인생 경험을 지닌 채 엄마가 되며, 이것을 받아들이고 새롭게 발전시켜 아이들에게 나눠주어야 한다.

- 현재 여러분의 자아에 영향을 미치고 있는 부정적인 감정은 평가, 지적, 문제 제기의 방법을 통해 해결해야 한다.

- 용서는 여러분의 자아가 손상을 입지 않도록 해주며 유연한 엄마와 아이가 되는 데도 도움이 된다.

- 우울증은 엄마와 아이 모두에게 위험한 질환이다. 따라서 증상이 계속된다면 즉시 치료를 받아라. 우울증은 치료할 수 있다.

2. 자아를 강하게 키우는 5가지 방법

자신의 장점과 단점을 파악하라

십 대인 두 딸에게 약간은 불안한 마음으로 엄마의 장점과 단점을 물었다. 아이들은 내 낙천주의와 인내력, 좋은 충고를 해 주고 해결책을 제시하는 능력, 그리고 훌륭한 패션 감각을 장점으로 꼽았다. 어떤 대답을 해도 용돈 액수는 달라지지 않을 거라는 점을 몇 번이고 약속한 뒤에야 아이들은 내 단점을 이야기했는데 그것은 바로 너무 쉽게 흥분하고, 너무 모든 것을 통제하려 하며, 너무 많은 일을 해서 스트레스를 받는다는 것, 그리고 맛없는 건강식을 먹인다는 것이었다.

몇 년 전 비슷한 목록을 만들어 본 후 나는 이렇게 생각했었다.

> "나는 너무 통제하려는 경향이 강해. 그래서 잠들기 전의 시간이 그렇게 괴로운 거야."
> "나는 왜 이렇게 참을성이 없는 거지? 조사를 더 많이 해 보고 나서 학교 문제를 결정해야 해."
> "나는 주말에 아이 방에 도배를 하는 대신 아이와 더 많이 놀아 줬어야 했어. 나는 너무 목표 지향적이야."

이제는 좀 다른 방향으로 생각하게 되었다. 어떻게 바뀌었는지 확인해 보라.

"모든 것을 통제하려는 내 성격 때문에 아이들이 더 좋은 취침 습관을 갖게 됐어."

"학교 후보를 빨리 결정했기 때문에 몇 군데의 학교를 돌아볼 수 있는 시간이 생겼어."

"목표 지향적인 내 성향을 어떻게 이용하면 아들과 더 많은 시간을 보낼 수 있을까?"

눈치 채셨겠지만, 나의 생각은 좀 더 긍정적인 방향으로 바뀌었다. 왜일까? 내 단점 대신 장점에 집중하기 시작했기 때문이다. 이러한 변화의 원동력이 된 것은 두 가지의 깨달음이었다.

- 장점을 활용하는 것이 단점을 활용하는 것보다 좀 더 효과적이고 긍정적이다.
- 장점과 단점은 대개 동전의 양면인 경우가 많다.

나는 이러한 깨달음에 다음의 두 가지 진실을 더해 오랫동안 내 육아의 원칙으로 삼아 왔다.

- 나는 놀라운 존재이다.
- 나는 내 아이들에게 딱 맞는 엄마로 태어났다.

우리가 특별히 우리 아이들에게 딱 맞게 만들어진 존재라면 우리가 가진 장점에 집중하는 것이 이치에 맞는 일일 것이다. 장점을 개발하면 좋은 엄마가 될 수 있다. 약점을 알고 관리하는 것은 좋은 일이지만 약점에만 계속 집중하는 것은 해롭다. 이것은 우리의 자아 인식을 파괴하며 자기 자신에 대해 가져야 할 좋은 이미지를 망친다.

40년간의 갤럽 조사 결과를 기초로 《장점 찾기 2. *StrengthsFinder 2.0*》라는 책을 쓴 톰 래스*Tom Rath*는 장점의 활용에 관해 이렇게 말한다. "연구 결과 매일 자신의 장점에 집중했던 사람들은 그렇지 않은 사람들보다 직업을 갖고 있을 확률이 6배 더 높고 질 높은 삶을 영위하고 있을 확률이 3배나 더 높다." 래스는 계속해서 이렇게 말한다. "갤럽 조사 결과 장점을 활용하면 여러분의 자신감과 목표 의식, 희망이 커지고 다른 사람에게 더욱 친절하게 대하게 된다." 모두 자아를 강화하는 데 도움이 되는 미덕들이다. 여러분의 장점을 찾아보고 그것을 일상에서 활용하는 일이 가치 있는 일이라는 뜻이다.

이렇게 해 보자. 먼저 타이머를 5분에 맞춰 놓는다. 그리고 종이 가운데에 선을 하나 긋는다. 선 왼쪽에는 여러분의 장점을 적고 오른쪽에는 여러분의 단점을 나열해 보자. 어느 쪽의 목록이 더 긴가? 아마도 오른쪽인 분들이 더 많을 것이다. 사람들은 보통 자신의 장점보다 단점을 더 잘 알고 있다. 두 목록 중 한 가지만 여러분 아이의 머릿속에 복사, 붙여넣기를 할 수 있다면 어느 쪽을 선택하겠는가? 당연히 누구나 장점이 나열된 왼쪽 목록을 선택할 것이다. (그런 일이 가능하다면 얼마나 좋을까? 아이를 키우는 일이 훨씬 더 쉬워질 텐데!)

자신의 장점에 집중해 보자. 앞에서 이야기했던 것처럼 자신의 성격부터 파악해 보는 것도 좋은 방법이다. 여러분의 가장 큰 장점은 무엇인가?

엄마들의 통계

〈나 자신에 대한 평가는……〉

- 대부분 비판적이다 : 19.8%
- 대부분 호의적이다 : 20.1%
- 두 가지가 섞여 있다 : 60.1%

목소리

〈엄마로서 나의 가장 큰 장점은 무엇인가?〉

- 스트레스를 받거나 힘든 상황에서 침착함을 유지하는 것(적어도 그 상황이 지나갈 때까지는). – *팻, 세 아이의 엄마*

- 실수로부터 교훈을 얻고 그날 일은 그날로 끝내는 것. 다음 날 또 무슨 일이 있을지 모르니까. – *메레디스, 한 아이의 엄마*

- 아이들이 하는 행동에 웃어 버릴 수 있는 것. 비록 가끔 나 자신에게는 화를 내지만. 특히 내가 모든 걸 너무 심각하게 받아들이고 있다는 생각이 들 때 그냥 웃는다. – *라라, 세 아이의 엄마*

〈엄마로서 나의 가장 큰 단점은 무엇인가?〉

- 절제하지 못한다. 지나치게 흥분하거나 행동에 일관성이 없다.

  – 에린, 네 아이의 엄마

- 모든 걸 내가 직접 하는 것. 아이들에게 자기 일은 직접 하도록 가르쳐야 하는데도. *– 졸린, 두 아이의 엄마*

- 남의 시선을 의식하는 태도를 버리고 좀 더 편안하게 즐길 필요가 있다. 단지 수영복 입은 모습을 보여주는 게 싫어서 즐거운 시간을 포기해야 했던 적이 여러 번 있다. *– 라라, 한 아이의 엄마*

일단 자신의 장점을 알았다면 그것을 일상생활과 육아에 활용해 보자. 어떤 엄마의 장점이 꼼꼼함이라면 그 장점을 이용해 유치원에 다니는 자녀의 놀이 계획표를 짜 줄 수도 있고 가족의 여행 예산이 빠듯할 때 좀 더 효율적인 방법을 마련할 수도 있다. 즉흥적으로 결정을 내리는 스타일의 엄마라면 유치원 수업이 끝난 후 아이와 친구들을 바로 공원으로 데리고 가 아이가 친구들과 더 친하게 지내도록 도와줄 수 있다. 또 과일이나 크래커, 주스가 든 봉투를 차에 던져 넣고 무작정 여행을 떠나 가족들에게 즐거운 하루를 선사할 수도 있다. 장점을 활용한다면 두 엄마 모두 훌륭한 결과를 얻을 수 있다.

여러분의 장점을 일상에 활용하고 삶의 더 큰 어려움을 극복하라. 벤자민 프랭클린은 이렇게 말했다.

당신의 재능을 숨기지 마라. 그것은 사용하라고 있는 것이다. 해시
계가 그늘 속에 있으면 무슨 소용이 있겠는가?

- 엄마로서 나의 가장 큰 장점은 무엇인가?
- 엄마로서 나의 가장 큰 약점은 무엇인가?
- 내 약점에 대한 평가를 어떻게 하면 부정적인 것에서 긍
  정적인 것으로 바꿀 수 있을까?

안 되는 건 안 된다고 말하라

"그래." "좋아." "알았어." "그렇게 하자." 혹시 아이들에게는 수도 없이 '안
돼'라고 말하면서 다른 사람들에게는 끊임없이 '그래'라는 말만 하고 있지
는 않은가? 안 되는 건 안 된다고 말해야 한다. 그래야만 다른 중요한 일
들, 이를테면 육아 모임에 참여한다든가 하나님과의 관계를 돈독히 하는
(이 부분에 대해서는 이후에 더 다뤄 보려고 한다) 활동을 할 수 있는 시간
이 생긴다. 또 자신을 돌보고 개인적으로 성장할 수 있는 시간과 여유도 가
질 수 있다.

내가 할 수 있는 일의 한계를 정해 놓는 것이 어떻게 생각하면 이기적으로
보일 수도 있겠지만 사실은 그 반대이다. 그렇게 해야만 우리 자신과 다른
사람들을 돌아볼 수 있기 때문이다. 정신적, 신체적, 감정적, 영적으로 한

계를 설정하는 일이 왜 중요할까? 헨리 클라우드 박사와 존 타운젠드 박사에 따르면 ①내 책임인 것과 그렇지 않은 것을 구별하기 위해, 그리고 ②좋은 것을 지키고 나쁜 것을 몰아내기 위해서이다.

한계를 정해 놓으면 시간, 에너지, 돈, 공간과 같은 자원들을 제대로 관리할 수 있다. 예를 들어 트레스는 아이들이 어딜 갈 때마다 일일이 데려다주느라 시간과 에너지를 소비하는 일을 과감히 줄이기로 결정했다. 그러자 더 많은 시간과 에너지를 아이들과 대화하는 데 사용할 수 있다는 것을 깨달았다. 여기서 절약된 돈은 가족 여행에 사용했다.

안 된다고 말하면 다른 사람과 솔직한 관계를 유지할 수 있다. 트레스는 육아에 대한 장기적인 대책을 아직 마련하지 못한 친구 캔디스를 위해 그녀의 아이를 여러 번 대신 봐주었다. 하지만 정말 트레스에게 캔디스의 아들을 봐줄 시간이 있었을까? 캔디스는 정말 장기적인 해결책을 마련할 여유가 없었던 걸까? 두 질문에 대한 대답은 모두 '아니다'였다. 트레스가 화요일 아침에만 아이를 봐줄 수 있다고 사실대로 말한 후에야 그들은 서로에게 솔직해질 수 있었고 캔디스도 자신의 육아에 대해 현실적으로 고민하게 되었다.

한계를 정해 놓으면 스트레스도 줄어든다. 트레스는 아이들이 너무 많은 활동에 참여하고 있는 데다 캔디스의 아들까지 봐줘야 하기 때문에 항상 스트레스를 받고 있었다. 그녀는 늘 시간이 부족한 것이 불만이었고 자신의 진짜 책임을 다할 수가 없었다.

클라우드와 타운젠드는 한계를 설정하는 일에 항상 지원망*support network*, 즉 도움과 격려를 줄 수 있는 누군가가 필요하다고 이야기한다. 다른 사람들과 손을 잡으면 자신감이 약해질 때 버텨 낼 수 있는 책임감이 생긴다. 안 된다고 솔직하게 말하면 우리에게 안 좋은 태도를 보이는 사람들이 생길 수 있다. 그러한 행동이 상처를 줄 수도 있지만 그렇다고 관계를 포기하면 외로워질지도 모른다. 이때 여러분의 지원망이 그러한 관계에 대한 욕구를 채워줄 것이다.

작은 걸음부터 시작해야 지속적으로 유지하기가 쉽다. 쉽게 유지할 수 있는 경계부터 설정하라. 예를 들어 여러분의 이웃이 여러분의 시간과 공간을 침범하고 있다면 일단 집에 들어오기 전에 먼저 노크를 해 달라고 부탁하는 것부터 시작해 보자. 그리고 좀 더 시간이 지난 후에 무작정 방문하는 일은 늦은 오후나 주말에만 해 달라고 요청하면 된다.

 실제사례 – **그냥 안 된다고 말하라**

얼마 전에 나는 여러 가지 활동에 너무 많이 참여하느라 완전히 녹초가 된 적이 있었다. 그중 일부는 내가 상당히 좋아하는 일들이었다.

어느 날 아침, 나는 딸의 과제를 도와주기로 약속한 것이 기억났다. 완전히 지친 나는 소파에 쓰러져 협상을 시작했다. '이미 할 일이 많은데 왜 또 도와주겠다고 했을까?' 나는 내가 해야 할 수많은 일을 쭉 열거했다. 아이들이 내 노력을 알아주고 위로해줬으면 하는 마음도 있었다. 말하면서 나는 나 자신이 정말 대단하다는 걸 깨닫게 되었다.

내 딸은 한동안 나를 바라보고만 있었다. 나는 안아주거나 위로해주기를 기대하고 있었지만 아이들은 내게 가까이 다가오지 않았다.

크리스티나가 말했다. "엄마, 왜 친구들한테 그냥 안 된다고 말하지 않아요?"
"그래요, 엄마." 빅토리아도 맞장구를 쳤다. "우리한테는 항상 안 된다고 하잖아요."

너무 명백한 사실 앞에 나는 뭐라고 말해야 할지 몰랐다. 나는 내 딸들에게는 건전한 한계를 설정해 주고 있었다. 늦게 자지 못하게 하고 너무 많이 놀지도 못하게 한다. 하루에 TV 보는 시간과 사탕 먹는 양을 제한하고 일주일에 며칠 놀아야 하는지까지 정해준다. 왜? 좋은 것도 지나치면 좋은 것이 아니라는 걸 알고 있기 때문이다.

— 마시, 두 아이의 엄마

25페이지에 있는 '유연성을 키우는 네 가지 훈련'을 다시 읽어 보자. 한계를 설정하는 일은 그 훈련에도 도움이 된다.

- 한계를 설정하면 운동, 편안한 음악 감상, 기도 등 스트레스 관리를 할 수 있는 시간이 생긴다.
- 한계를 설정하면 스트레스 감소에 도움이 된다.
- 한계를 설정하면 자원을 더 잘 관리하고 위기 상황이 닥쳤을 때 훨씬 더 쉽게 이용할 수 있다.
- 한계를 설정하면 관심사와 욕구에 대해 더 활발한 대화를 나눌 수 있다.

어떤 부분에서 한계를 설정해야 할까? 클라우드와 타운젠드는 다음과 같은 영역을 제시한다.

- 가족 – 어머니, 아버지, 형제, 자매, 친척
- 친구
- 배우자
- 자녀
- 일
- 자기 자신

- 나는 무엇에 대해 안 된다고 말할 때 가장 어려움을 느끼는가?
- 안 된다고 말하지 못할 때 육아에 어떤 영향을 미치는가?
- 안 된다고 말할 때 내 아이가 얻게 되는 이득은 무엇일까? (다른 사람의 반발이 있을 경우 이것이 여러분을 견디게 해 주는 동기가 될 수 있다.)

자기 관리는 필수다

오전 11시 45분경이면 내 사무실 창문 밖으로 동료들이 활기차게 걷기 운동을 하는 모습이 보인다. 바쁜 와중에도 자기 관리 시간을 갖는 엄마들이다. (물론 나도 그냥 보기만 하는 것보다는 거기에 참여하는 것이 몸매 관리에 더 좋다는 것쯤은 알고 있다. 알고 있다고요!)

자기 관리를 하는 엄마들을 보면 기분이 좋다. 보통 자신을 잊고 사는 엄마들이 너무 많기 때문이다. 우리는 너무 바빠서 자신을 돌볼 시간이 없다고 생각한다. 때로는 자기 관리를 이기적이거나 심지어 나쁜 것으로 생각하기도 한다. 윌리엄 셰익스피어의 희곡에 이런 대사가 있다. "폐하, 자기애는 자기 무시만큼 지독한 죄악은 아닙니다"〈헨리 5세〉 2막 4장. 셰익스피어가 엄마들을 지칭해서 쓴 말은 아니지만 이 대사야말로 엄마들의 경우에 딱 들어맞는다.

자기 무시는 엄마들의 자아에 심각한 손상을 입힐 수 있다. 유명 블로거인 K. 스프링소프K. Springthorpe는 최근 자신이 녹초가 됐던 경험에 관해 이렇게 적었다.

나는 대개 나를 건강하게 해줄 좋은 습관들을 지키지 않는 편이다. 늦게 자고, 자주 샤워를 깜박하고, 물을 충분히 마시지도 않고, 기분 전환이 될 만한 시간을 갖지도 않는다. 내 정신 상태에 도움이 될 일을 하기보다는 그때그때 기분이 내키는 일들을 할 뿐이다. 설거지를 하는 대신 인터넷 서핑을 한다. 과일을 먹는 대신 초콜릿을 먹는다. 아이들을 데리고 공원에 가거나 아이를 키우는 친구들과 통화를 하는 대신 아이들이 TV를 보고 있도록 그냥 놔둔다. 아이들이 나쁜 행동을 하려는 걸 보자마자 못하게 하는 대신 결국 사고를 치고 난 뒤에야 소리를 지른다. 나는 모든 것을 잘못하고 있다.

잘못된 선택을 하면 할수록 나 자신에 대해 더 크게 실망하게 된다. 나 자신에 실망하면 할수록 인생에 패배한 듯한 느낌을 받는다. 인생에 패배한 듯한 느낌을 받으면 받을수록 긍정적으로 생각하고 문제를 해결하거나 아이들을 긍정적이고 적극적인 태도로 대하기가 점점 더 어려워진다.

스프링소프의 글은 우리가 자기 관리 대신 자기 무시를 선택할 때 어떤 일이 일어나는지를 보여 준다. 아이들을 좀 더 긍정적인 태도로 대하고 인생을 건강하게 살아가려면 엄마들에게도 자기 관리가 필요하다.

튼튼한 몸을 유지하는 데 스트레칭과 운동 등 복합적인 관리가 필요하듯이 엄마들의 자아를 유지하는 데도 신체적, 정신적, 영적, 감정적으로 복합적인 관리가 필요하다. 혼자만의 시간을 갖는 일도 자기 관리의 중요한 요소이지만 아이들을 돌보는 동시에 자기 자신 역시 돌볼 수 있는 방법도 있다. 아래의 표에 나열된 활동 중에 자신이 할 수 있는 것을 생각해 보자. 혼자할 수 있는 것도 있고 아이와 함께할 수 있는 것도 있다.

활동	혼자 할 수 있는 것	아이와 함께할 수 있는 것
신체적 자기 관리	• 몸에 좋은 음식을 먹고 충분한 물을 마신다. • 충분한 수면을 취한다. 아이를 직접 돌보는 시간을 줄이고 베이비시터를 고용해야 한다고 해도. • 에너지를 충전하고 스트레스를 줄이기 위해 규칙적인 운동을 한다. • 헤어스타일을 바꾸거나, 집에서 피부 관리를 하거나, 밝은 색의 옷을 입는다.	• 아침에 함께 과일을 먹는다. • 침대에서 서로 끌어안는다. • 점프하거나 발가락을 만지는 등 몸의 움직임이 필요한 놀이를 한다. • 아이에게 마사지를 해 준다. 하는 사람과 받는 사람 모두 편안해진다.
정신적 관리	• 퍼즐을 푼다. 크로스워드든 스도쿠든 두뇌를 활용할 수 있는 것으로. • 하나의 주제에 대해 공부한다. • 새로운 기술을 배운다. 뜨개질이나 종이 공예, 사진 등	• 함께 퍼즐을 맞춘다. • 벌레나 서로의 눈동자, 기차, 혹은 다른 흥미로운 물체들을 자세히 관찰한다. • 새로운 노래를 배우거나 숨바꼭질을 한다. (숨어 있는 동안 다른 생각을 할 수도 있다!)
영적 관리	• 하나님의 축복을 빌어 줄 사람들의 목록을 만든다. • 기도한다. • 매일 시편이나 잠언을 읽는다. • 친절을 베푼다.	• 아침에 하나님께 감사를 드린다. • 아이와 함께 기도한다. • 성경 동화책을 본다. • 포옹을 나눈다.
감정적 관리	• 친구와 진심 어린 대화를 나눈다. • 자신의 장점 목록을 다시 읽어 본다. • 남편과 데이트를 하거나 여자 친구들끼리 외출을 한다. • 카운슬러나 멘토와 대화를 나눈다.	• 가장 좋아하는 일 혹은 가장 힘든 일을 그림으로 그린다. • 포옹과 입맞춤을 나눈다. • 상대방의 좋은 점을 얘기한다. • 놀이 학교에 참가한다.

이 표에서 여러분이 활용할 수 있을 만한 한두 가지 아이디어를 얻었는가? 이러한 활동, 특히 혼자 하는 활동을 주저하게 만드는 요인은 무엇인가? 자기 관리를 하는 데 가장 흔한 장애물은 동기 부족과 육아 시간의 부족이다. 다른 엄마들과 함께하면 이 문제를 해결할 수 있다. 내 동료들은 서로 걷기 운동을 계속할 수 있도록 격려해 준다. 만약 한 명이 며칠 동안 운동을 못 하면 다른 엄마들이 그 사실을 상기시켜 준다. 책임감을 느끼게 하는 것이다. 아이를 돌볼 시간이 문제라면 여러분의 일을 도와주고 교대로 아이를 봐줄 수 있는 친구를 찾아서 어떻게든 자기 관리 시간을 만들어 보라. 혹은 베이비시터 비용을 분담하면서 함께 뭔가를 해도 좋다!

 엄마들의 통계

〈엄마들의 운동법 Top 20〉

1. 걷기	2. 아이와 놀아 주기
3. 자전거	4. 달리기/조깅
5. 헬스클럽이나 YMCA에서 운동	6. 수영
7. 필라테스/요가	8. 아이 뒤 쫓아다니기
9. 운동 강좌/개인 트레이너	10. 운동 DVD
11. 줌바/댄스/재즈사이즈	12. '위핏'(건강관리를 할 수 있게 도와주는 게임 소프트웨어)
13. 러닝머신/자전거 운동 기구	14. 킥복싱
15. 원예	16. 아이를 역기로 이용
17. 롤러 블레이드	18. 아이들과 함께 침대 위에서 뛰기
19. 섹스	20. 테니스

여러분의 경우는 어떤가?

실제사례 - 나를 제정신으로 버티게 해 주는 것들

나는 전화기를 들고 친구인 웬디의 번호를 눌렀다. 지난 며칠간 왠지 모를 두려움에 잠을 깨고 감정적, 신체적 등 거의 모든 면에서 아래로 굴러 떨어지는 듯한 기분을 느꼈기 때문이다. 나는 누군가와 이야기를 하고 싶었고 웬디는 내가 도움이 필요할 때 전화할 수 있는 친구였다.

"웬디. 나 다이애나야."
"너 괜찮아? 평소랑 목소리가 다르네." 웬디가 말했다.
"기분이 별로 안 좋아." '얘는 바로 알아차린다니까' 하고 나는 생각했다.
"무슨 일이야?" 웬디가 단도직입적으로 물었다.
우리는 한동안 얘기를 나눴고 웬디는 내가 기분이 안 좋은 원인을 정확히 집어냈다. 내가 지치거나 정신적으로 한계에 다다랐을 때 언제나 그 근본적인 원인은 자기 관리 부족에 있다는 사실을 알고 있었던 것이다.
얼마 전에 나는 실제로 '나를 제정신으로 버티게 해 주는 것들'이라는 목록을 만든 적이 있었다. 사랑하는 사람들을 더 잘 돌볼 수 있는 사람이 되기 위해 나 자신에게 필요한 것들을 적어본 것이다.

- 매일 멀티비타민을 먹는다.
- 날씨에 상관없이 매일 적어도 15분 이상 야외 활동을 한다.
- 하나님과 함께하는 시간을 갖고 일기를 쓴다.
- 물을 충분히 마신다.
- 당분과 가공 식품 섭취를 제한한다.
- 매일 단백질을 섭취한다.

- 일주일에 적어도 한 번 이상 친구들과 시간을 보낸다.
- 매일 적어도 10분 이상 운동을 한다.
- 내 생리 주기를 파악한다.
- 긍정적인 사고방식을 유지한다.
  (잠자리에 들 때 다섯 가지씩 긍정적인 생각을 한다.)

나는 컨디션이 끊임없이 오르락내리락하는 종류의 사람이다. 그래서 안정적으로 생활하려면 내게 필요한 것을 잘 알아두어야 한다. 위의 목록 중에 어떤 것이라도 부족하거나 균형이 깨지면 바로 느낄 수 있다.

– 다이애나, 네 아이의 엄마.

목소리

⟨나의 좋은 습관은 무엇인가?⟩

- 매끼 식사 후에 설거지를 한다. 다음 식사 때까지 미룰 가치도 없고 그때가 되면 10배는 더 힘들어진다! *론다, 두 아이의 엄마*

- 커피를 마신다. *– 다이앤, 두 아이의 엄마*

- 끌어안고, 키스를 하고, 끊임없이 사랑한다고 말한다. *– 브렌다, 세 아이의 엄마*

- 좋은 음식을 먹는다! *– 조애나, 한 아이의 엄마*

〈나의 나쁜 습관은 무엇인가?〉

- 설탕, 설탕, 설탕! 단 음식은 하루에 한 번으로 제한하려고 노력한 다…… 하지만 너무 맛있는 게 문제! – *엘리자베스, 두 아이의 엄마*

- TV를 보는 것. 내가 즐겨 보는 프로그램들은 전부 밤에 하기 때문에 아 이들 재우는 일을 미루게 된다. 그래서 아이들은 늦게 잠들고 아침에 잠투정을 부린다. 나는 7년 동안 이 문제를 해결하지 못했다.
  – 킴벌리, 두 아이의 엄마

- 모든 것에 대해 갖는 죄책감. TV를 너무 많이 보는 것, 너무 늦게 자는 것, 몸에 좋지 않은 음식을 먹는 것 등등. 어떤 면에서는 죄책감이 나 를 움직이는 원동력이 되기도 한다. – *스테파니, 한 아이의 엄마*

- 손톱을 깨무는 것! – *율리, 세 아이의 엄마*

과제

- 자기 관리 차원에서 내가 고치고 싶은 나쁜 습관은 무 엇인가?

- 내가 배우고 싶은 좋은 습관은 무엇인가?

- 나를 버티게 해 주는 것은 무엇인가?

자신의 성장에 투자하라

이 책의 초반에 소개됐던 보니의 이야기 중 마지막 문장을 기억하는가? "그 때부터 나는 심장병 어린이의 어머니들을 돕는 일에 참여하게 되었고 소아 심장병 치료 기금 마련을 위한 재단까지 설립하게 되었다."

아이를 기르면서 보니는 놀라운 자기 성장을 경험했다. 유연성과 개인적 성장은 서로 밀접한 관계가 있다. 엄마가 유연하게 아이를 키울 때 개인적인 성장도 이루게 되고 그 성장을 통해 더욱 유연성을 발달시킬 수 있다. 만약 여러분이 21~22페이지에 실린 보니의 이야기를 다시 읽어 본다면 보니가 배움을 얻고 다른 사람들에게 손을 내미는 과정에서 어떻게 하나님과 함께 했는지 알 수 있을 것이다. 하나님과 함께하는 부분에 대해서는 나중에 더 다루겠지만 일단은 엄마의 놀라운 두뇌를 사용하는 일이 어떻게 개인적 성장을 가져오는지 알아보자.

엄마들끼리 농담처럼 하는 얘기가 있다. 아이를 갖게 되면 뇌가 작아진다는 것이다. 사실은 가끔 비슷한 증상을 실제로 경험하면서 조금 긴장하기도 한다. 임신 기간에 엄마의 두뇌 용량이 7퍼센트나 줄어든다는 연구 결과가 있기는 하지만 이 현상이 산후 6개월 이상 지속되지 않는다는 사실은 덜 알려져 있는 것 같다. 그 이후에는 평소와 같은 두뇌 용량으로 돌아오며 우리는 그 두뇌를 육아 기간에 좀 더 효과적으로 활용한다.

엄마들의 통계

〈엄마가 된 후로 나는……〉

- 뇌세포가 더 많이 발달했다 : 17.2%
- 뇌세포가 더 많이 죽었다 : 58.1%
- 예전과 비슷하다 : 24.7%

위기 상황에 처했을 때 우리의 두뇌는 엄마로서의 책임을 다하기 위해 평소보다 더 열심히 움직인다. 우리는 안전한 세제나 글루텐 무함유 과자 등 산처럼 쌓인 정보 중에서 필요한 것을 추려내야 한다. 또 어린 아들이 여자 화장실 칸막이 문 아래로 머리를 들이미는 장난을 칠 때 이 문제를 해결할 창의적인 방법을 찾아내야만 한다. 머릿속에 담아둬야 할 정보량 또한 엄청나다. 흩어져 있는 양말들의 위치, 예방접종 서류, 아이가 제일 좋아하는 시리얼, 간지럼을 타는 부위, 치과 예약 시간…… 기억해야 할 것은 끝도 없다.

아이를 위해 엄마의 놀라운 두뇌를 활용하는 것도 개인적인 성장의 일부이지만 그 두뇌를 엄마 자신을 위해 사용해도 좋다! 기술을 배우거나 열정적인 취미 활동을 하거나 새로운 것을 개발할 수도 있다. 보통 엄마들은 이런 일에 많은 시간을 할애하지 못하지만 작은 일부터 시작해 꾸준히 계속해 보자. 여러분의 두뇌를 환경 문제나 10대 임신 문제, 여성 소액 금융 프로젝트 등 여러분이 열정을 갖고 있는 분야에 사용하라. 정원을 꾸미거나 웹사이트를 디자인하거나 다른 흥미로운 기술을 배워라. 시를 쓰거나 사업 계획을 세워라. 개인적인 성장을 이뤄가는 일은 우리 아이들에게 평생 교육의 모델이 되어주고 우리 자신의 미래의 가능성을 열어주며 자아를 강화시킨다.

> 아이들만이 배워야 한다는 생각을 버려라. 뭔가 배워야 할 것이 있다면 언제든 배워라. 배움의 기간은 평생이 될 수도 있다.
>
> — 헨리 L. 도허티, 미국의 사업가

목소리

〈내가 개인적인 성장에 투자하는 방식은 무엇인가?〉

- 새로운 책과 음악을 계속해서 접한다. 하루 중 뭔가를 읽거나 쓰는 시간을 가진다. 이런 활동이 내 정신을 건강하게 해 준다. – *리사, 세 아이의 엄마*

- 취미 생활을 한다. 퀼트와 바느질을 배우고 있다. – *리사, 세 아이의 엄마*

- 재택 사업을 하고 책을 읽고 자기 개발 강의를 듣는다. – *안드레아, 한 아이의 엄마*

- MOPS 모임을 이끈다. – *스테파니, 세 아이의 엄마*

- 아이들이 학교에 가 있을 동안 온라인 강의를 듣는다. 아이들을 가르치면서 함께 시간을 보낼 수도 있다. – *브렌다, 세 아이의 엄마*

실제사례 - **첫 걸음을 내딛어라**

청소년부 모임이 끝난 후 학생들이 어지럽히고 간 흔적을 정리하고 있을 때 마크 목사님이 말씀하셨다. "리즈, 신학대학에 다니는 걸 한번 생각해 봐요. 리즈는 아이들을 다루는 데 능숙하니까 교회 일에도 큰 도움이 될 거예요."
목사님의 말에 나는 놀랐다. 나는 오래전에 학교를 졸업하고 여덟 살짜리 마이클과 두 살짜리 새미, 한 살짜리 조이를 키우고 있었다. 물론 나 자신을 위한 뭔가를 하고 싶은 마음은 있었지만 항상 아이들이 우선이었다. 그동안은 학교로 돌아가는 건 생각도 해 본 적이 없었는데, 나를 믿는 목사님의 말씀에 자신 감을 얻었는지 해낼 수 있을 거라는 생각이 들었다.

그리고 나 자신도 놀랄 만한 대답을 해 버렸다. "네, 한번 알아볼게요." 그리고 나는 정말 그렇게 했다. 첫 걸음은 '네'라고 대답한 것이었고 두 번째 걸음은 강의에 등록한 것이었다. 지역 신학 대학에서 얼마 전에 주말 강의를 시작했다 는 것을 알고 있었는데, 조건도 내게 딱 맞았다. 남편이 주중에는 항상 출장을 가 있고 주말에만 집에 왔기 때문이다.

첫날 교실에 앉아 있노라니 가슴이 울렁거렸다. 초조한 나머지 책상을 연필로 두드리며 교실 안을 둘러보았다. 나는 생각했다. '학교에 다닌 지 너무 오래됐 는데, 정말 내가 해낼 수 있을까?' 잘못 온 것 같은 느낌이 들었다. 학생 중 나 이 많은 여자가 나만 있는 건 아니었지만 대부분은 젊은 남자들이었다. 그러나 몇 번 수업을 듣고 난 후 자신감이 생겼고, 첫 번째 과제를 제출한 후 교수님에 게서 긍정적인 코멘트를 받았을 때에는 해낼 수 있다는 확신이 들었다.

대신 성적에 집착하던 예전 학생 때의 사고방식은 바꿔야 했다. 아이를 키우는 동안에는 최대한 많은 것을 배우되 성적 걱정은 하지 않기로 결심했다.

학교로 돌아감으로써 나는 개인적인 성장을 이루었고 자신감이 커졌다. 이전 보다 교회에 더 도움이 된 것은 물론 더 좋은 엄마도 될 수 있었다.

– 리즈, 세 아이의 엄마

- 나는 내 아이를 위해 어떤 공부에 투자하고 있는가?

- 나는 나를 위해 어떤 공부에 투자하고 있는가? (혹은 투자하고 싶은가?)

유머감각을 길러라

유머는 우리가 여러 가지 감정과 상황에 잘 적응하도록 해 준다. 나는 타고
난 코미디언은 못 된다. 그러나 어느 날 위생과 규칙에 까다로운 편인 친구
데비로부터 아기가 기저귀에 묻은 변을 침대에 온통 칠해 놓은 지저분한 얘
기를 듣고 난 후에 엄마들에게 유머의 가치가 어떤 것인지를 이해하게 되었
다. 데비는 그 상황에서 웃을 수도 있고 울 수도 있었지만, 어느 쪽을 택하
든 그걸 치워야 하는 건 마찬가지였다. 그 상황을 좀 더 수월하게 해줄 수
있는 건 물론 웃음이었다.

유머는 행동을 교정하는 데도 큰 도움이 된다. 나는 몇 년간 아이들에게 몇
가지 훈련을 시키려고 애를 써 왔다. 이를테면 "문을 열었으면 닫아라.",
"우유를 꺼냈으면 냉장고에 다시 넣어 놔라.", "수건이 자기 혼자 올라가 걸
리지는 않는다." 같은 것들이다. 어느 날, 나는 평소와 똑같은 대사들을 읊
으려다가 너무 짜증이 나서 이렇게 말했다. "무슨 로켓을 만들라는 것도 아
니고 이게 뭐가 어려워!" 그 순간 나는 어지러운 걸 치우라는 지시 대신 왼
쪽 팔에서 오른손을 로켓처럼 발사시키는 시늉을 해 보였다.

실없는 행동은 가라앉는 분위기를 바꿔 놓을 수 있다. 내가 자주 하는 웃
긴 동작들을 여기서 굳이 설명하진 않겠다. 솔직히 다른 사람들이 본다면
이상해 보이겠지만 우리 아이들은 내가 이런 실없는 행동을 할 때마다 시
무룩해 있다가도 살며시 미소를 짓는다. 상황이 심각해질 때는 장난스러운
행동이 도움이 된다. 누가 설거지할 차례인가를 놓고 아이들이 싸울 때는?
기르는 개 앞에 그릇을 놓아 주며 이렇게 말해보라. "안 되겠다. 네가 대신

좀 핥아." 실제로 개한테 시킬 수는 없겠지만 그런 농담을 던지는 것만으로도 싸움을 멈추게 할 수 있다.

유머는 통제하기 힘든 감정을 발산시켜 주는 안전밸브 같은 역할을 한다. 유머는 분위기를 바꾼다. '유머humor'라는 단어의 라틴어 어원은 '우마르umar'로 '액체 같고 유연한'이라는 뜻이다. 유머는 스트레스를 완화시키고 창의적으로 문제를 해결할 수 있는 에너지를 제공해 준다. 오그 만디노Og Mandino는 이렇게 충고했다.

> 자기 자신과 인생을 웃어넘겨라. 이것은 조롱이나 자기 연민의 감정이 아니라 기적의 치료제이다. 웃음은 고통을 완화시키고 우울증을 치료한다. 겉보기에는 끔찍한 실패와 걱정거리로 보이는 것도 웃음을 통해 똑바로 볼 수 있다. 웃음은 정신을 자유롭게 하여 확실한 해결책을 생각해내도록 해 준다. 너무 심각하게 생각하지 마라.

 엄마들의 통계

〈내 유머감각을 표현한다면?〉
• 유머감각은 무슨 : 1%
• 성공할 때도 있고 실패할 때도 있다 : 56%
• 항상 웃긴다 : 43%

유머감각을 키우는 방법

• 웃을 거리를 찾아본다.

• 농담을 연습한다.

• 재미있는 얘기를 읽는다.

• 더 자주 미소를 짓는다.

• 재미있는 사람들을 찾아낸다.

• 웃음을 주는 것들로 주변을 채운다.

• 징징거리고 싶어질 때 그냥 웃어 버린다.

• 기분을 풀어라! 너무 심각해지지 말 것.

동료들 앞에서 넘어졌다고? 그냥 좋게 생각해 버리면 어떨까. 인사라도 하듯이 양팔을 흔들어 댄 자신이 재미있지 않은가? 우리는 모든 것을 좀 덜 심각하게 생각할 필요가 있다. 사람이 많은 곳에서 팔을 허둥거렸다고 해서 창피해할 것 없다. 그것보다 훨씬 더 심각한 문제도 얼마든지 있다.

좀 더 자주 웃어라. 웃을 수 있을 때마다 웃어라. 함께 웃는 일은 사람들을 하나로 묶어주고 행복과 친밀도를 증가시킨다. 유머는 전염된다. 낄낄대기도 하고, 씩 웃기도 하고, 크게 웃음을 터뜨리기도 하고, 웃다가 킁킁 소리도 내보라. 재미있다. 자유롭다. 아이들도 좋아한다.

• 빈정거림으로 상처를 주지는 마라.

• 필요한 감정을 표출할 시간은 허용하라. 때로는 울거나 분노를

표현할 필요가 있는 사람들도 있다.

- 깔끔한 유머를 구사하고 비꼬지 않도록 주의하라. 아이들에게 모범을 보이자!

유머는 스트레스를 풀어 주는 좋은 도구이자 힘든 육아에 대한 긍정적이고 건강한 해결책이다. 유머 감각을 키우는 것은 자아를 강화시켜 준다.

 실제사례 - **나를 버티게 해 준 유머**

나는 지쳐 있었다. 남편은 학교에 다니면서 가족을 부양하기 위해 파트타임 일을 몇 가지씩 하고 있었고 나는 집에서 24시간 내내 10개월부터 열 살짜리 아이 넷을 키우고 있었다. 막내는 잠이 별로 없었다. 나는 그저 아이들이 좀 더 자주기만을 기도했다. 두통 때문에 머리는 항상 깨질 것 같았고, 피로에 지쳐 이 먹구름같이 끔찍한 생활 속에서 어떻게 빠져나가야 할지 몰라 난감했다. 갑자기 두 살짜리 사라의 목소리가 들렸다.

"엄마아아아아아!" 내가 아이에게 달려가는 것을 보고 첫째 아이인 닉이 방에서 나왔다.

"엄마, 내가 사라를 볼 테니까 엄마는 자." 아이가 말했다. 내가 감히 이런 제안을 받아들여도 될까?

"아기 안 깨게 조용히 잘 봐."

"나만 믿어." 아이는 사라를 방으로 데려가면서 자신 있게 대답했다.

나는 감사한 마음으로 침대에 기어들어갔다. 너무 조용했다. 잠시 후 작은 속삭임이 들려왔고 닉의 방과 아홉 살짜리 리비의 방 사이를 아이들이 후닥닥 뛰어다니는 소리가 들렸다. 애초에 좀 더 잘 수 있으리란 희망을 품은 것이 잘못이었다. 불안감이 엄습했고 두통이 더 심해졌다. 리비의 목소리가 울려 퍼졌다.

"엄마, 잠깐만 와 봐요. 가위를 못 찾겠어."

가위라니! 아침 7시에 왜 가위가 필요하단 말인가? 나는 일어나서 닉의 방으로 갔다. 어린 사라가 언니 오빠들 사이에 서서 얼굴에 커다란 웃음을 띠고 있었고…… 머리에는 커다란 형광 녹색의 접착제 덩어리가 붙어 있었다. 닉과 리비는 어쩔 줄 모르고 있었다.

"오빠가 사라 머리에 붙은 저 덩어리를 가위로 잘라내리려고 했는데요. 내 생각엔 엄마가 좀 더 세련되게 잘라줄 것 같아서요." 리비가 심각하게 설명했다.

그 순간 긴장이 풀렸다. 나는 웃음을 터뜨렸다. 배를 움켜쥐고 실컷 웃었다. 불안이 사라졌다. 나는 웃으면서 카메라를 찾으러 달려갔다. 밤에 남편이 오면 보여주기 위해 이 순간을 기록해 놓아야만 했다. 남편에게도 스트레스를 날려주는 이런 웃음이 필요할 거라는 확신이 들었다.

– 바브, 네 아이의 엄마

- 내 유머감각을 가장 잘 나타낼 수 있는 표현은 무엇인가?

- 나는 언제 유머의 가치를 느끼는가?

- 가족의 유머감각을 키우기 위해 내가 할 수 있는 일을 한 가지만 생각해 보자.

┌─ **[복 습]** ─────────────────────────────────┐

〈엄마의 자아를 키우는 일은 그것을 좀 더 강하고 유연하게 만드는 일이다.〉

• 장점을 이용하는 것이 약점을 이용하는 것보다 훨씬 더 효과적이고 긍정
  적이다.

• 한계를 설정하면 인생의 중요한 일들을 할 수 있는 여유가 생긴다.

• 복합적이고 규칙적인 자기 관리는 자기 자신과 아이들에게 건전한 투자
  이다.

• 엄마들의 두뇌는 놀랍다. 평생 배우는 사람이 되라.

• 유머는 힘든 육아의 짐을 덜어 준다.

└──┘

3. 나는 이미 모든 것을 가지고 있다

어머니라는 존재를 생각해내신 하나님은 만족스럽게 웃으신 뒤 빠르게 그 모양을 만드셨을 것이다. 너무나 풍부하고 너무나 깊고 너무나 성스러우며 영혼과 힘, 아름다움으로 가득한 존재로.

― 헨리 워드 비처

나는 내 육아의 오랜 원칙이었던 두 가지 진실을 다시 한 번 짚고 넘어가고 싶다. 그것은 다음과 같다.

- 나는 놀라운 존재이다.
- 나는 내 아이들에게 딱 맞는 엄마로 태어났다.

내가 주께 감사하옴은 나를 지으심이 심히 기묘하심이라 주께서 하시는 일이 기이함을 내 영혼이 잘 아나이다.

― 시편 139편 14절

나는 놀라운 존재이다. 여러분이 이 문장에 동의하지 않는다면 여러분의 손을 잠시 떠올려 보라. 그것은 어떤 생물에서도 찾을 수 없는 절묘한 형태를 지니고 있으며 완벽한 비율을 가지고 있다. 집게손가락의 각 부분은 그

이전 부분보다 약 1.618%씩 일정한 비율로 커진다. 이것은 수학자들이 황금 비율이라고 부르는 수치이다. 손은 관절과 신경, 힘줄로 결합된 27개의 뼈로 이루어져 있고 구부리거나 움직여서 소리를 내거나 물체를 크기에 따라 나눌 수 있다. 여러분의 손은 예민해서 아이에게 열이 있는지 측정하거나 가장 좋은 감촉의 담요를 찾아낼 수도 있다. 또 딱딱 소리를 내어 아이의 이목을 끌거나 눈물을 닦아주거나 아이가 안전하게 길을 건너도록 인도해줄 수도 있다.

손조차도 그토록 주의 깊게 만드신 하느님께서 어머니의 자아를 만드실 때는 신경을 덜 쓰셨을까? 여러분의 기질, 경험, 그것을 형성하는 방식, 감정적 반응, 열정, 유머 감각 등 여러분의 모든 것은 목적을 가지고 만들어진 것이다.

주께서 내 내장을 지으시며 나의 모태에서 나를 만드셨나이다.

– 시편 139편 13절

나의 하나님이 그리스도 예수 안에서 영광 가운데 그 풍성한 대로 너희 모든 쓸 것을 채우시리라.

– 빌립보서 4장 19절

하나님께서는 여러분이 엄마의 뱃속에 있을 때부터 언제 어느 때 어떤 상황에서 어떤 아이를 갖게 될지를 알고 계셨다. 그분께서 우리의 모든 쓸 것을 채우시리라고 약속하시면서, 아이를 잘 키우는 데 필요한 요소들만 빼놓으셨을 리는 없다. 하나님의 자비는 무한하다. 그분은 훌륭한 아이를 키우는 데 필요한 모든 것을 여러분에게 주셨다.

여러분은 자신만의 고유한 자아를 통해 여러분의 아이들과 주변 세계를 독창적으로 만들어 갈 수 있는 능력이 있다. 다시 여러분의 손을 보라. 이번에는 손끝에 주목하자. 다른 사람 눈에는 비슷해 보이겠지만 여러분은 각자 고유의 지문을 가지고 있다. 모든 엄마는 그들의 자녀와 세상에 지문과도 같은 자신만의 흔적을 남긴다. 여러분의 자아와 영향력을 활용해 긍정적인 흔적을 남겨라. 그렇게 함으로써 여러분은 더 좋은 엄마가 되고 더 좋은 세상을 만들 수 있을 것이다.

나	애가 밤새도록 우네. 뭐 때문에 그러는 걸까.
다른 나	잘 모르겠지만 결국 알아낼 거야.
또 다른 나	나는 이 아이의 엄마고 내 아이를 돌보는 데 필요한 모든 자질을 가지고 태어났어.

벽화

젊은 화가인 샌디는 자신이 사는 도시의 중심가에 있는 건물 벽면에 벽화를 그려 달라는 요청을 받았다. 의뢰인들은 이 도시의 모든 장점을 보여줄 수 있는 작품을 원했다. 샌디는 지나가는 사람들을 관찰했다. 그리고 사람들의 얼굴과 건물, 흥미로운 사물들을 스케치하기 시작했다.

처음의 스케치는 그저 연결되지 않은 작은 조각들에 불과했지만 샌디는 각각의 부분들을 어떻게 연결시킬지 머릿속에 그려 놓고 있었다. 그리고 매일 조금씩 그려 나갔다. 가끔 어떤 부분이 기대에 못 미칠 때는 다음 날 그려 놓은 것을 지우고 다른 부분을 강조하거나 조금씩 수정을 하기도 했다. 때로는 스케치한 것을 전부 다 지우고 다시 시작하기도 했다. 지나가던 사람이 그녀의 작품을 비판한 적도 여러 번 있었다. "여기는 좀 지나친 감이 있군요.", "여긴 좀 밋밋한 느낌이에요." 용기를 잃을 때면 샌디는 자신이 처음에 생각했던 이미지를 떠올리며 자신이 상상했던 모습을 그려 나갔다.

어느 날 샌디는 그림이 얼마나 진척됐는지 살피려고 뒤로 물러섰다가 깜짝 놀라고 말았다. 그림은 이미 완성되어 있었다. 벽화는 그녀가 처음 상상했던 것과 비슷하기도 하고 어떤 면에선 조금 다르기도 했다.

PART 2.
육아의 기술, 알아야 더 쉽다

1. 내 아이를 위한 큰 그림을 그려라

어떤 부모가 되고 싶은가?

육아의 기술을 갖추었느냐 아니냐가 육아의 성공 여부를 결정한다. 엄마들은 자신에게 높은 기준을 설정해 놓고 그 기준에 충족되었을 때 성공했다고 간주한다. 2002년 한 연구에서 34%의 부모는 거의 매일 성공적이었다고 느낀다고 대답했다. 그리고 54%의 부모는 대부분 그렇게 느낀다고 대답했다.

사람들이 묘사한 성공적인 부모는 다음과 같다.

- 예의 바르고 행동거지가 훌륭하며 건전한 가치관을 지닌 아이들의 부모
- 아이들에게 사랑을 주는 부모
- 아이들 곁에 늘 있어 주려고 노력하는 부모
- 아이들이 건강하고 생산적이고 성공적인 삶을 살 수 있도록 도와주는 부모

아이들을 원하는 모습으로 키우기 위해서는 엄마들 자신을 변화시키는 기술이 필요하다. 여기에는 여러 번 시도하고 실패하고 다시 다른 것을 시도하는 과정이 수반된다. 때로는 이 과정을 셀 수도 없이 여러 번 반복해야 할

수도 있다. 마치 과학 실험을 할 때처럼 가설을 시험하고 그것이 성공할 때까지 계속 변형해 보거나 자신의 가족과 맞지 않는다는 것을 깨닫고 가설 자체를 폐기하기도 하는 과정이다.

목소리

〈나는 어떨 때 엄마로서 성공적이라고 느끼는가?〉

• 사람들이 아이들 칭찬을 할 때. 가끔 너무 힘들 때는 그래도 우리 아이들이 착하고 예의 바른 아이들이라는 것을 상기할 필요가 있다.

– 질, 네 아이의 엄마

• 하루 동안 아이들과 대화도 하고 목욕도 시키고 뭔가 중요한 것을 가르쳐 주기도 했을 때. 아, 그리고 아이들에게 건강식을 먹였을 때(항상 성공적이라고 느끼는 건 아니다.) *– 리디아, 두 아이의 엄마*

• 그럴 때가 많지는 않다…… 나는 이런 질문에 대답하기가 정말 힘들다. *– 사라, 한 아이의 엄마*

• 아이들에게 화를 내지 않고 침착하게 하루를 보냈을 때. 그리고 늘 토네이도의 습격을 받은 것처럼 보이던 집이 어쩌다 가끔 깨끗해 보일 때. *– 트레이시, 세 아이의 엄마*

과제

• 나는 엄마로서 언제 성공적이라고 느끼는가?

아이의 미래를 머릿속에 그려라

육아의 기술은 우리가 아이들에게 원하는 모습을 큰 그림으로 그려보는 것에서부터 시작한다. 나는 이것을 이해하는 데 오랜 시간이 걸렸다.

아기를 낳은 지 얼마 안 되었을 때에는 '규칙'을 세워놓고 매우 성실하게 지켰다. 좀 지나칠 정도였다.

- 앞자리에 아기를 앉히고 운전하지 않는다.
- 아기에게 절대로 짜증을 내지 않는다.
- 유치원에 견과류가 든 음식을 보내지 않는다.
- 인조 소재를 아기 피부에 대지 않는다.
- 아기를 부모의 침대에서 재우지 않는다.
- 어린 아이들에게는 만화를 보지 못하게 한다.

이러한 규칙이 내 육아의 기준이 되었다. 내가 얼마나 그 규칙을 잘 지키고 아이들이 얼마나 내 말을 잘 따라 주느냐가 내가 엄마로서 얼마나 성공적인지를 결정해 주었다. 규칙에 따라 아이를 키워야 내 아이들이 안전하게 자라나서 먼 미래에 건강하고 생산적이고 훌륭한 사람이 되어줄 것 같았다. 오해는 하지 말기 바란다. 규칙이 중요하지 않다는 얘기를 하려는 건 아니다. 예를 들어 나는 유아용 카시트 사용을 항상 주장하고 있으며, 앞에서 말한 것처럼 혹시 단 한 명의 아기라도 과민성 쇼크를 일으킬 가능성이 있다면 도시락에 땅콩버터를 넣는 것은 피해야 한다고 생각한다.

하지만 이런 육아 방식에는 두 가지 문제점이 있었다. 첫째, 이 규칙의 목록이 점점 늘어나거나 바뀌었으며, 이에 관한 전문가들의 견해도 서로 달랐다는 점이다. 어느 날은 고무젖꼭지를 이용해 아이를 재우는 내가 좋은 엄마처럼 생각되지만 또 어떤 날에는 나중에 아이가 치과 신세를 지게 할 나쁜 엄마가 되기도 했다.

둘째, 내 아이들이 그 규칙에 대해 언제나 원하는 반응을 보이지 않았다. 내가 가르친 대로 아이가 저녁 식사 시간에 그릇과 냅킨을 깔끔하게 정리할 때면 좋은 엄마가 된 것 같지만 다음 날 그 아이가 똑같이 그릇과 냅킨을 정리해서 개 밥그릇 옆에 놓아두면 나는 바로 나쁜 엄마가 되었다.

다섯 개의 금속 공이 수평으로 매달려 진자처럼 양쪽으로 흔들리는 장난감을 아는가? 어렸을 때 우리 아버지 사무실에 있던 그것을 나는 '땡땡이'라고 불렀다. 맨 왼쪽의 공을 당겼다가 놓으면 나머지 네 개에 부딪히면서 오른쪽으로 움직이는데 이때 '땡땡'하는 소리가 나기 때문이다. 공들이 최고점까지 올라가면 다시 반대방향으로 움직이기 시작한다. 나는 그 금속 공들이 서로 양쪽으로 계속 밀어내는 모습에 매료되었다. 물론 아무리 움직여도 앞으로 나가지는 못하고 그저 땡땡 소리만 낼 뿐이었다.

아이를 키우면서 그런 땡땡이가 된 기분을 느껴 본 적 있는가? 끊임없이 왔다갔다하면서 앞으로는 한 발짝도 나가지 못하는 느낌 말이다. 장난감 땡땡이를 지켜보는 일은 즐거웠지만 땡땡이처럼 아이를 키우는 일은 불만스러웠다.

마침내 나는 더 나은 방법을 찾아내었다. 규칙을 지키는 데 집중하는 대신 내 아이들이 어른이 되었을 때의 모습에 집중하기로 했다. 나는 아이의 마음, 영혼, 몸과 정신 모두에 영향을 미치고 싶었다. 나는 신뢰, 가족, 즐거움, 존경, 안전, 성실함, 배움, 독립심 등 내가 가장 중요하다고 생각하는 것들로 채워진 큰 그림을 머릿속에 그렸다. 그다음에는 마치 화가처럼 그렇게 되는 데 필요한 일상적인 행동과 활동, 태도 등을 그 큰 그림 속에 채워 넣었다.

사실 쉬운 일은 아니었다. 수없이 다시 시작하고 수정하는 과정이 필요했다. 이것은 걸작을 만들기 위해 앞으로 나아가는 과정이었다. 내 아이들이 커가면서 나는 그 그림이 지워지기도 하고 심지어 부분적으로 망가지기도 하는 것을 보았다. 내 의도와는 달리 나는 완벽한 그림을 그리지 못했던 것이다. 아이들은 때로 자신들의 삶을 나의 의도와는 다르게 그려 나갔다. 하지만 그것도 성장의 일부였다. 땡땡이에서 화가로 접근법을 바꿈으로써 나는 계속해서 앞으로 나아갈 수 있었고 육아의 성공 여부를 '규칙'으로만 판단할 때 경험하던 끊임없는 좌절감에서 해방될 수 있었다.

유아기에 큰 그림을 그려 놓아야 엄마의 영향력을 최대화할 수 있다. 아이들이 어른이 되었을 때의 모습을 구상하는 데 가장 좋은 시기는 언제일까? 정답은 '최대한 빨리'이다. 시간이 있다면 오늘이라도 당장 시작하는 것이 좋다. 유아기가 이미 지난 아이의 엄마라고 해도 아직 늦지 않았다. 빨리 실행에 옮겨라. 남편도 함께 참여시켜라.

어떤 엄마들은 성격을 중심으로 큰 그림을 그리고 어떤 엄마들은 가치를 중시한다. 좀 더 쉽게 큰 그림을 그리기 위해 다른 사람들은 어떤 성격이나 가치, 자산을 중시하고 있는지 살펴보자. 그다음에 여러분이 원하는 아이들의 모습을 상상해 보라. 그 모습에서 가장 핵심적인 요소는 무엇인가?

- 내 아이를 위한 큰 그림에는 어떤 요소가 포함되는가?
- 나는 큰 그림의 주요 요소를 어떻게 선택했는가? 그것이 나에게 왜 중요한가?

중요한 결정에는 전략이 필요하다

목소리

〈내가 어제 내린 가장 큰 결정은?〉

- 내 딸의 콧구멍에서 치즈를 어떻게 빼낼 것인가. – *사라, 세 아이의 엄마*

- 어떤 카시트를 사야 할 것인가. – *노라, 네 아이의 엄마*

- 내 아이가 수술을 받아야 할까. – *낸시, 한 아이의 엄마*

- 딸이 오늘 집에 오기로 했는데 아빠 집에 하루 더 있다고 오라고 해도 될까. – *젠, 한 아이의 엄마*

- 저녁 식사로 뭘 만들어야 할까! (거의 모든 엄마의 공통적인 고민)

엄마들은 크든 작든 매일 여러 가지 결정을 내리는데, 이것은 큰 그림에 영향을 미친다. 임신과 출산 과정에서부터 시작되는 엄마들의 의사 결정은 곧 기저귀 갈기와 우유 먹이기에서부터 훈육과 교육의 문제까지 이어진다. 어떤 결정은 빠르고 쉽고 본능적으로 이루어지지만 어떤 결정에는 신중한 고민이 요구된다. 우리는 다음 스케치를 하기 전에 작품에서 한 발짝 물러서서 봐야 한다. 엄마들의 기술은 숙련된 의사 결정 전략에 달려 있다.

중요한 결정을 내려야 할 일이 있을 때 다음과 같은 전략을 사용해 보자.

- 여러분이 내릴 결정의 목적을 파악한다.
- 정보를 수집한다 : 검색 엔진을 사용하거나 친구들과 의논하거나 믿을 만한 멘토, 영적 지도자, 의사, 가족, 또는 다른 전문가들과 상의하라.
- 정보를 평가한다 :
  · 결정에 활용할 원칙을 세운다.
  · 브레인스토밍을 통해 여러분이 고려해 볼 수 있는 방법의 목록을 만든다.
  · 각각의 방법에 드는 비용과 조건, 가치를 결정한다.
- 가장 좋은 방법을 선택하고 활동 계획을 짠다.
- 활동을 개시한다.
- 결과를 평가한다.
- 결과에 순응한다.

여러분은 어떤 의사 결정자인가? 하비 F. 실버*Harvey F. Silver*와 J. 로버트 핸슨 *J. Robert Hanson*은《나의 의사 결정 스타일*My Decision Making Style*》에서 네 가지의 의사 결정 유형을 제시한다.

순차적 의사 결정자에게는 방대하고 구체적인 정보, 결정에 필요한 세부사항, 가장 좋은 방법에 대한 설명, 특정한 방법이 효과가 있다는 증거, 그리고 과제를 올바로 수행할 절차 등이 필요하다. 순차적 의사 결정자는 다음과 같은 질문을 던진다. "어떤 단계가 있는가?" "어떤 방향으로 가야 하는가?" "어떤 결과가 나올 것인가?"

논리적 의사 결정자는 논리와 근거, 다양한 선택에 따른 예상 결과를 원한다. 이들은 개인적인 감정에 따라 선택을 내리지 않도록 목표를 숙고하고 비판적으로 판단한다. 논리적 의사 결정자는 다음과 같은 질문을 던진다. "모든 가능성을 검토했는가?" "충분한 증거가 있는가?" "모든 정보를 비판적으로 분석할 때 우리의 선택이 옳은가?"

포괄적 의사 결정자는 모든 가능성을 탐구해 보고 싶어 한다. 존재하고 상상할 수 있는 모든 방법이 동원된다. 가능성을 탐구하기 때문에 정보에 의해 그다지 제한을 받지 않는다. 포괄적 의사 결정자는 다음과 같은 질문을 던진다. "더 좋은 방법이 있지 않을까?" "모든 가능성을 다 고려해 본 걸까?" "어떤 새로운 생각을 해 볼 수 있을까?"

인간적 의사 결정자는 구체적인 정보와 문제의 정의, 그리고 어떤 결정에 대한 자신과 다른 사람들의 감정을 알고 싶어 한다. 그들은 의사 결정을 내릴 때 주위 사람들의 의견과 느낌을 고려한다. 인간적 의사 결정자들은 다음과 같은 질문을 던진다. "이 일에 대해 나는 어떻게 느끼는가?" "지금 이 상황이 내 마음에 드는가, 혹은 들지 않는가?" "이것은 나와 다른 사람들 모두에게 좋은 결정일까?" "다른 사람들이 이 결정을 이해하고 받아들이기 어려워하지는 않을까?"

 실제사례 - **중요한 결정**

아들인 A.J.를 친정 엄마에게 맡기려고 준비를 하던 중에 나는 감정적인 위기를 경험했다.

엄마가 대신 먹일 수 있도록 모유를 짜던 중에 문득 지금 내 앞에 닥친 현실을 실감하게 된 것이다. 이런 생각이 떠올랐다. '몇 주 뒤면 나는 직장으로 돌아간다. 나는 아이를 다른 사람 손에 맡겨야 한다. 하루 종일 아이를 안아주지도, 젖을 먹이지도, 입을 맞춰주지도, 노래를 불러주지도 못한다. 안 되겠어, 난 도저히 그렇게는 못 해!'

나는 너무 긴장해서 더 이상 모유를 짤 수가 없었다. 눈에 눈물이 가득 고인 채 나는 마당에 있던 남편 티르소에게 갔다. 남편은 나를 보자마자 뭔가 안 좋은 일이 있다는 걸 알아차렸다.

"무슨 일이야, 자기?" 남편이 울고 있는 내 등을 부드럽게 쓰다듬어 주며 물었다.

"어떻게 하지? 내가 없을 때 A.J.를 잘 돌봐줄 사람을 어떻게 찾아? 어떻게 해야 해? 다른 사람한테 맡길 수가 없어."

이미 여러 번 의논해서 결정한 문제였다. 후회하는 부분도 있긴 하지만, 어쨌든 나는 직장에 다시 다니기로 결정한 상태였다. 우리는 집에 와서 아이를 돌봐줄 육아 경험이 있는 여성을 원했다. 남편이 라틴계라서 집에서는 스페인어

로 얘기하기 때문에 이왕이면 라틴계 여성이었으면 했다. 또 내가 퇴근한 후에
는 가족들에게만 집중할 수 있도록 요리와 청소도 해 줄 수 있는 사람을 원했
다. 그리고 무엇보다도 아이를 나만큼 잘 돌봐줄 사람이어야 했다. 이런 사람
을 찾는 일은 거의 불가능한 일 같았다.

"방법을 찾아보자. 잘될 거야." 남편이 위로했다. 그리고 이렇게 약속했다. "내
가 쉬는 날에는 아이를 데리고 회사에 놀러 갈게."

우리는 탐색을 시작했다. 수없이 많은 이력서를 검토한 뒤에 최종적으로 7명
의 여성과 면접을 보았다. 우리 집에서 각 지원자와 두세 시간씩 얘기를 나눴
다. 나는 지원자들에게 여가 시간에 무엇을 하는지, 스트레스는 어떻게 극복
하는지 물었다. 어떤 사람인지 알고 싶었던 것이다. 2차 면접은 각 지원자의
집에 직접 가서 했다. 그녀들의 가족을 만나보고, 실제로 어떻게 살고 있는지
알고 싶었다.

나는 아마도 '인간적' 의사 결정자일 것이다. 나는 엄청난 양의 정보를 검토했
고 베이비시터와 많은 대화를 나눴다. 나는 A.J.에게 맞는 직관적이고 감수성
풍부한 사람을 원했다. 우리 아이에게 안성맞춤이라고 생각되는 여성을 고용
하고 싶었기 때문이다.

많은 기도와 탐색 끝에 우리는 결국 원하던 사람을 찾았다. 내가 직장에 돌아
가기 전부터 그녀는 우리 집에 와서 아이와 함께 시간을 보냈다. 나는 그녀가
아이를 안고 노래를 불러 주고 웃는 모습을 지켜보았다. 요구 조건에 모두 들
어맞는 사람을 찾았기 때문에 편안한 기분으로 A.J.를 맡길 수 있었다. 우리는
최선의 선택을 했고 그 선택이 옳았는지는 계속 지켜보며 판단할 것이다.

직장에 출근한 첫날은 굉장히 힘들었다. 하지만 남편이 약속대로 점심시간에
A.J.를 데려와 줘서 아이를 안고 냄새를 맡고 머리칼을 쓰다듬고 입을 맞출 수
있었다. 우리 둘 중 누구든 집에 없을 때 아이가 좋은 사람 손에 맡겨져 있다
는 사실에 편안함을 느꼈다.

- 카리, 두 아이의 엄마

엄마들의 통계

〈여러분은 어떤 종류의 의사 결정자인가?〉

- 순차적 : 23%
- 논리적 : 41%
- 포괄적 : 7%
- 인간적 : 29%

- 나는 어떤 의사 결정자인가?(순차적/논리적/포괄적/인간적)
- 내 아이와 관련해서 내려야 할 중요한 결정을 한 가지만 이야기해 보라.
- 내가 의사 결정 과정에서 가장 곤란함을 느낄 때는 언제인가?
- 이러한 곤란함을 피하기 위해 나는 어떻게 해야 할까?

[복 습]

〈엄마들은 아이를 건강하고 생산적인 훌륭한 어른으로 키우기 위해 매일 할 일들을 계획적으로 조율한다.〉

- 큰 그림에 집중하는 것이 수많은 규칙에 집중하는 것보다 좀 더 계획적인 행동이다.
- 매일 혹은 매시간 큰 그림을 그리는 일에 투자하라.
- 큰 그림을 그리는 것에는 지우고 다시 그리는 작업도 포함된다.
- 엄마들의 기술은 잘 훈련된 의사 결정 과정과 연관되어 있다.

2. 아이에게 행복한 유년기를 만들어 주는 법

모든 것은 사랑의 힘이다

육아 기술과 사랑이 상관이 있을까? 물론이다! 아이를 키우기 위해 우리의 삶을 바꿔 나가려는 욕망과 의지 자체가 깊은 모성애에 뿌리를 두고 있기 때문이다. 모성애는 마치 우리가 그리는 그림 전체를 유지시켜 주는 캔버스와 같다. 브렌다 헌터*Brenda Hunter* 박사는 자신의 저서 《모성애의 힘*The Power of Mother Love*》에서 다음과 같이 말한다.

> 아, 모성애의 힘이여. 그것은 세대를 걸쳐 뻗어나가며 엄마와 아이를 하나로 만들고 출산을 기다리는 엄마의 정체성과 여성성을 형성하고 아이의 성격과 인생에 영향을 미치며 우리가 깨닫지 못하는 방식으로 사회를 변화시킨다. 모성애는 궁극적으로 하나의 사랑 노래이자, 사이렌의 유혹이다. 이것은 여성을 새로운 존재 방식으로 유혹하여 기꺼이 희생하고 변화하게 만든다.

몇 단락 뒤에 헌터는 모성애가 가져오는 변화에 대해서도 설명한다. "모성애가 아이의 인생에 긍정적인 힘으로 작용하기 위해서는 여성이 자신의 욕구과 두려움을 초월해야 한다. 말하자면 그녀는 새로운 심장을 키워야 한다."

네 아이를 낳은 뒤 내 마음속에 모성애가 자라난 과정은 마치 그린치가 크리스마스는 상점에서 시작되는 것이 아니라는 사실을 발견하게 된 것과 비슷했다.

"그리고 어떻게 됐냐고? 글쎄, 후빌 사람들 말로는 그날 그린치의 작은 심장이 세 배나 커졌다고 하더군!"

헌터 박사와 수스 박사그린치 시리즈의 저자—옮긴이가 묘사한 것처럼 내 심장은 예전에 가졌던 꿈을 버리고 아들딸을 키우는 기쁨을 위해 변화했다. 모성애가 아니라면 내가 어떻게 그토록 많은 것을 희생할 수 있었을까. 모성애에는 희생이 필요하다. 충분한 수면을 포기해야 하고 열쇠, 면허증, 직불 카드만 달랑 들고 외출할 수 있는 자유, 방해받지 않고 일을 하거나 쉬거나 그저 샤워라도 할 수 있는 여유를 모두 포기해야 한다. 무엇보다 힘든 것은 조건 없는 사랑을 아이에게 쏟기 위해 자기중심적인 사고방식을 포기하는 일이다.

과제

• 엄마가 된 후 나는 어떤 희생을 해야 했는가?

아이와 애착을 강화하라

강한 애착과 유대감은.유아기에 엄마와 아이의 관계에서 굉장히 중요하다. 이 감정은 아이 인생의 큰 그림에 기초가 된다. 미국 보건 복지부는 유아기의 육아와 애착을 아동 학대와 방임의 위험을 줄여주는 요인 중 하나로 정의하고 있다.

 엄마들의 통계

〈나는 언제 아이와 유대감을 느끼게 되었나?〉
- 아이를 보자마자 : 75.7%
- 출산 후 며칠을 보낸 뒤 : 13.8%
- 어떤 힘든 일을 겪은 후에 : 10.1%
- 유대감을 느껴본 적이 없다 : 4%

전문가의 의견

엄마와 아이 사이의 강한 유대감이 형성될 때의 장점

- 성적이 좋아진다.
- 행동이 건전해진다.
- 더 적극적인 인간관계를 갖게 된다.
- 스트레스 대처 능력이 증가한다.
- 두뇌 발달이 촉진된다.

- 생체의 균형으로 필수 성장 호르몬 생산이 촉진된다.
- 동정과 연민을 느낄 수 있는 능력이 생긴다.
- 더 긍정적이고 개방적이고 믿을 수 있는 부모-자녀 관계가 형성 된다.
- 육아가 더 수월하고 즐거워진다.

부모로부터 애정과 보살핌을 받은 아기들이 더 행복하고 건강하고 유능한 아이, 청소년, 어른으로 자라날 확률이 높다는 것은 수없이 많은 연구를 통해 입증된 사실이다.

엄마들은 보통 아기를 얼마나 자주 안고 얼러 줘야 하고 얼마나 빠르고 적절하게 반응해 줘야 하는지 직감적으로 알고 있다. 두 명의 아이를 입양한 나는 다른 많은 입양 부모들과 마찬가지로 신생아기에 부모와의 애착이 결여되었을 때 아이들이 겪는 어려움을 직접 목격했다.

내가 가장 아끼는 딸은 (물론 모두 똑같이 사랑하지만) 생후 2년간, 끊임 없이 바뀌는 환경에서 지내야 했고 돌아가면서 생모, 할머니, 숙모, 몇 명의 위탁 부모, 그리고 어린이집 사회 복지사들의 손을 거쳤다. 그 후 아이가 두 살부터 다섯 살 무렵까지 우리가 위탁 보호를 하면서 입양 절차를 밟았다. 소아과 의사에게 처음 데려갔을 때 아이는 키와 몸무게가 또래 아기들보다 많이 모자랐다. 그것도 아주 많이. 그리고 2년이 넘도록 아이는 자라지 않았다. 단 1cm도 자라지 않은 것이다. 어린 아이로서는 즐겁지 않을 몇 번의 검사까지 받게 했지만 아이가 왜 자라지 않는지를 알아낼 수가 없었다. 마침내 의사는 아이가 다음에 왔을 때도 상태가 그대로라면 성장 호르몬 요법을 고려해 볼 것을 권했다. 하지만 검사 결과 아이의 호르몬 수치는 정상이었다. 솔직히 나는 뭐든 해 볼 준비가 돼 있었다. 석 달 뒤 다시 병원에 갔을 때 딸은 키가 5cm 이상 자라 있었다. 의사는 고개를 갸웃거리며 혹시 식단이나 생활에 변화가 있었는지 물었다.

"바뀐 거라고는 지난번에 병원에 다녀간 후 입양 허가를 받은 것뿐이에요."

"아이가 그걸 아나요?" 의사가 물었다.

"네, 결정되자마자 얘기해 줬고 그 후에도 매일 되풀이해서 설명해 줬어요."

"그럼 그거군요." 의사가 대답했다. "드디어 안전하게 자랄 수 있는 곳을 찾은 거예요."

그 후 나는 엄마와 아이 사이의 애착의 가치를 결코 과소평가하지 않게 되었다.

《훌륭한 아이 키우기*Raising Great Kids*》의 저자 헨리 클라우드와 존 타운젠드는 애착이 일어나는 과정에 대해 다음과 같이 설명한다.

특정한 과제들을 수행함으로써 소통 능력이 생긴다. 아이에겐 아이의 할 일이 있고 엄마에겐 엄마의 할 일이 있다. 이 두 가지가 서로 상호작용을 하여 아이가 사람들과 관계를 맺을 수 있도록 도와준다.

아이는 관계를 맺는 일이 즐거운 것이고 인생의 필수적인 요소라는 사실을 경험을 통해 알아가야 한다. 아이가 이것을 감정적으로 경험하게 되면 자신을 지탱해 줄 관계를 추구하게 된다. 이때 아이는 자기중심적이 아니라 관계 중심적인 사람이 된다.

엄마의 과제는 아이가 고독에서 벗어나 관계를 맺도록 해 주는 것이다. 이러한 노력이 열매를 맺기 위해서는 많은 경험이 필요하다. 엄마는 아이의 특정한 상황과 욕구에 맞춰 아이에게 반응하고 행동한다. 예를 들어 엄마는 아이의 각기 다른 울음소리에 주의를 기울여 편안함, 따뜻함, 변화, 안전 등 아이의 욕구를 충족시켜 준다. 아이는 이런 경험을 통해 외부에 도움을 요청하면 자신에게 필요한 것을 얻게 된다는 사실을 깨닫게 된다.

애착을 형성하기 위해서는 엄마가 다음과 같이 해 줘야 한다.

- 애정을 준다 – 시간과 에너지, 그리고 자기 자신을 투자해 조건 없는 사랑을 줌으로써 아이의 감정적, 신체적 욕구를 충족시켜 줘라.
- 스킨십을 자주 한다 – 몸을 써라! 끌어안고 입맞추고 마사지를 하고 등을 두들겨 주고 손가락을 잡아 주고 발가락을 간질이고 관자놀이를 문질러 주고 뺨을 문지르고 업어 줘라.
- 항상 곁에 있어 준다 – 유아기에는 되도록 아이에게만 집중하라. 아이가 더 큰 뒤에도 아이가 원하는 것에 대해 지속적으로 관심을

보여라. 애착에는 애정의 질과 양 모두 중요하다.

• 한결같이 대한다 – 규칙적으로 축축해진 엉덩이를 닦아주고, 밤에 따뜻한 마실 것을 주고, 단단한 팔로 감싸주고, 노래를 불러주고, 지루하지 않게 농담을 해줘라.

• 반응을 보여준다 – 아이를 연구하라. 아이의 울음소리와 표정이 무엇을 뜻하는지, 그리고 그럴 때 어떻게 해줘야 하는지 알아야 한다. 인내심을 가져라. 처음에는 틀릴 수도 있다. 아이가 원하는 것을 매번 정확히 맞히는 엄마는 본 적이 없다.

• 직관적으로 행동한다 – 마음이 말하는 것을 듣고 그에 따라 행동하라. 다른 사람들이 그렇게 하는지 아닌지와는 상관없이.

애착을 형성하기 위해서는 되도록 많은 시간을 할애하는 것이 중요하다. 그렇다면 엄마는 언제나 아이와 붙어 있어야만 할까? 엄마가 직장에 다니거나 신체적, 감정적으로 힘든 일이 있다면? 아이가 좀 더 컸을 때, 혹은 어떤 이유 때문에 잠시 아이와 떨어져 있어야 할 때는?

• 될 수 있는 한 자주 함께 있어 줘라.

• 죄책감을 버려라. 어느 하나를 포기해야 한다기보다는 둘 다 할 수 있다고 생각하라. 가족의 경제를 책임지고 자기 관리 시간을 가지면서 동시에 아이와 강한 애착도 형성할 수 있다.

• 육아의 대안을 선택할 때는 여러분의 육아 방식과 가장 비슷하여

아기가 친숙하게 느낄 수 있는 방법을 택하라.

- 여러분의 냄새가 남아 있는 것, 예를 들면 잠옷이나 베개, 모유 같은 것들을 아이 곁에 남겨 두어라.

 실제사례 – **케이티의 마음을 열기**

'언제 아이를 만날 수 있을까.' 나는 중국인 아기 케이티의 입양 서류들에 서명하면서 이렇게 생각했다. 썰렁한 회의실 안에 있는 길고 좁은 나무 탁자 앞에 나와 남편 켄, 통역, 공무원, 그리고 딸을 입양하려는 다른 부부가 함께 앉아 있었다.

문득 뒤쪽에서 인기척이 느껴져 돌아보았더니 거기 케이티가 서 있었다. 아직 남편은 카메라도 꺼내지 못한 상태였다. 내가 마음속에 그려 왔던 첫 만남의 모습과는 전혀 달랐다.

나와 눈이 마주치자 아이는 잡고 있던 다른 사람의 손을 놓고 '엄마'라고 소리쳤다. 그리고 두 손을 치켜든 채 내게로 곧장 달려왔다. 아이는 흰색 상의 위에 작은 헝겊 버튼이 달린 핑크색의 중국 전통 의상을 입고 있었다. 팔에는 우리가 보내 준 작은 인형을 안고 있었다.

나는 아이를 들어 올려 안았다. 숱 많은 검은 머리칼이 턱을 간질였고 상쾌한 비누 냄새가 났다. '우리 귀여운 딸', 눈물을 흘리면서 나는 생각했다.

케이티가 우리에게 애정이 생기기까지는 시간이 좀 걸리리라는 것을 알고 있었다. 나는 케이티를 위해 침대에 노란색 이불을 깔고 연한 노란색 페인트를 칠해 방을 조용하고 평화로운 분위기로 꾸며 놓았다. 하지만 처음 우리 집에 온 날, 아이에게 굿나잇 키스를 하고 방에서 나온 뒤 얼마 지나지 않아 울먹이는 소리가 들렸다. 문을 열어 보았더니 아이는 혼자 있는 것이 무섭다며 울고 있었다. 그날 밤, 남편과 나는 아이가 잠들 때까지 돌아가면서 함께 있어

주었다.

지금도 케이티와 신뢰를 쌓기 위해 의도적으로 많은 노력을 하고 있다. 우리는 스킨십을 많이 하려고 한다. 손으로 음식을 먹여 주면서 마음을 편하게 해 주고 무릎을 꿇고 이야기를 하면서 눈을 맞춘다. 우리는 인형 놀이를 자주 하는데 그때마다 나는 이런 얘기를 해 준다. "엄마는 이렇게 하는 거야, 엄마는 이렇게 아기한테 밥을 먹이고 뽀뽀를 해 주는 거야." 켄과 나는 처음 두 달간 아이와 항상 함께 붙어 있었다.

이제 나는 안다. 때가 되면 애착이 생기리라는 걸.

— 베브, 세 아이의 엄마

목소리

〈아이와의 애착을 강화하기 위해 나는 어떻게 하는가?〉

• 그냥 가만히 들어준다. 우리 아이들은 둘 다 수다에 놀라운 재능을 가지고 있다. 거의 말이 안 되는 얘기들이지만 아이들에게는 중요한 얘기들이다. *– 코젯, 두 아이의 엄마*

• 일어나서 아이들과 함께 놀아준다. *– 타라, 세 아이의 엄마*

• 되도록 오래 돌봐 주고 가끔 함께 잔다. *– 조애나, 세 아이의 엄마*

• 각각의 아이와 개인적으로 시간을 보내려고 최선을 다한다. 두 아이는 나랑 닮아서 함께 있는 게 별로 힘들지 않은데 셋째는 나랑 많이 달라서 가깝게 지내기 위해 가장 많은 노력을 한다. *– 사라, 세 아이의 엄마*

• 되도록 자주 안고 입을 맞춘다. *– 오텀, 두 아이의 엄마*

- 처음 아이와 유대감을 느꼈을 때는 언제인가?
- 애착을 형성할 때 가장 힘들었던 점은 무엇인가?
- 내가 어릴 때 경험한 애착이 내 육아에 어떤 영향을 미치고 있는가?

가족이 함께하는 시간을 가져라

오후의 시간을 즐겨라. 그것을 가지고 갈 수는 없으니까.

– 애니 딜라드

첫 유대감이 형성된 후에도 엄마와 아이가 지속적인 애착 관계를 갖는 일은 여전히 중요하다. 그렇기 때문에 애정과 친밀함을 유지하는 일에 규칙적으로 시간을 투자할 필요가 있다. 아이가 어릴 때는, 그 아이가 어른이 될 때까지 수백 년쯤 남은 것처럼 느껴진다. 어떤 어른으로 키워야 할지를 결정할 수 있는 시간도 무한히 있을 것만 같다. 물론 아이의 인생을 계획할 시간은 많다. 하지만 시간은 유한하다.

한 젊은 엄마가 좀 더 나이가 많은 엄마에게 아직 학교에 다니지 않는 자신의 아들과 한 번도 즐겁게 지낸 적이 없다는 불평을 늘어놓았다. 나이 많은 엄마가 주말에 가족끼리 뭘 하냐고 묻자 젊은 엄마가 대답했다. "주로 집안일을 해요." 나이 많은 엄마는 모든 사람의 유년기에는 주말이 겨우 936번

밖에 없다는 사실을 부드럽게 알려 주며 지금까지 집안일을 하면서 보낸 주말이 몇 번이나 되는지 계산해 보라고 말했다. 아이가 네 살이 다 되었으니 이미 200번이 넘은 셈이었다. 얼마나 많은 귀중한 주말을 허비했는지 깨닫고 충격을 받은 젊은 엄마는 앞으로는 주말을 아들에게 유년기의 추억을 만들어주는 데 사용하기로 결심했다.

아이들과 시간을 보내기 위해 항상 뭔가를 계획해야 하는 것은 아니다. 주말에 집을 수리한다고 해도 아이들을 그 일에 참여시킨다면 가족 중심적인 활동이 될 수 있다. 방 청소를 할 때 아이에게 벽의 먼지를 털거나 청소기 버튼을 누르게 하라. 장을 볼 때 아이에게 과일과 채소를 고르게 하라. 평소 하는 일들에 아이를 참여시킬 방법은 많다. 이렇게 하면 함께하는 시간이 늘어날 뿐 아니라 언젠가 아이들이 직접 집안일을 해야 할 때도 도움이 될 것이다.

목소리

〈가족끼리 보내는 즐거운 주말에 어떤 것을 하고 싶은가?〉

- 느긋한 토요일 아침에 팬케이크로 아침식사를 하고 공원에 소풍을 가서 아이가 야구를 하는 것을 지켜보다가 저녁에는 나가서 아이스크림을 먹고 싶다. – *파멜라, 세 아이의 엄마*

- 테마 파크! 우리 가족은 테마 파크에 가는 것을 아주 좋아한다. – *멜리사, 두 아이의 엄마*

- 무작정 여행을 떠나 호텔에 머물면서 재미있는 것들을 구경하고 싶다.
  – *멜리아, 두 아이의 엄마*

- 다 함께 힘을 모아 집안일을 끝내고 그 후에는 야외나 집안에서 재미있는 놀이를 하고 싶다. – *샤론, 세 아이의 엄마*

- 하이킹을 가거나 뒷마당에서 함께 시간을 보내면서 하루 동안의 휴가를 즐기고 싶다. – *샤리, 세 아이의 엄마*

과제

- 내 아이는 지금까지 몇 번의 주말을 경험했는가?
- 그중 가족끼리 함께 즐겁게 보낸 주말은 몇 %나 되는가?
- 가족끼리 보내는 즐거운 주말에 나는 무엇을 하고 싶은가?

반복되는 일과에 소요되는 시간을 최대한 줄여라

엄마들은 자칫 잘못하면 매일 해야 하는 일들에 치여서 아무것도 하지 못하게 될 수 있다. (심지어 잠도 제대로 못 잘 수도 있다.) 만약 일상의 의무가 괴로운 일이 된다면 더 중요한 일을 할 수 있는 시간을 내기가 어려울 것이다. 여러분이 초등학교 5학년 때 과학 숙제를 하면서 활용했던 과학적 문제 해결 과정을 통해 매일 반복되는 일에 드는 시간을 줄여 보자.

- **질문을 던진다** : 하루 중 어떤 일에 가장 많은 시간을 소비하는가?
- **배경 조사를 한다** : 친구, 멘토에게 묻거나 인터넷 검색을 이용한다.

- **가설을 세운다** : 어떤 방법으로 이 상황을 해결할 수 있을까?
- **가설을 테스트한다** : 2, 3일간 그 방법을 시험해 본다.
- **결과를 분석한다** : 성공했다면 계속하고 실패하거나 일부만 성공했다면 새로운 가설을 세운다.
- **결과 보고** : 여러분이 배운 것을 다른 엄마들과 공유하여 서로 도움을 준다.

이 방법에 대해서 과학 정보 사이트인 www.sciencebuddies.org에서는 "과학적 방법은 일련의 단계로 이루어져 있다. 그러나 과학자는 새로운 정보나 아이디어가 있을 때 언제든 그것을 보충해 그 단계들을 반복할 수 있다는 사실을 기억해야 한다. 이렇게 보충하고 되풀이하는 것을 반복 과정이라고 부른다."

매일의 할 일을 조율해 가는 일은 이러한 반복 과정에 가깝다. 프랭클린 D. 루즈벨트의 조언을 귀담아 듣는다면 여러분이 일상의 의무를 조절하여 더 중요한 일을 잊지 않도록 하는 데 유용할 것이다. "방법을 선택하고 그것을 시도해 보라. 만약 실패했다면 솔직히 인정하고 다른 방법을 시도하라. 가장 중요한 것은 일단 뭔가를 시도하는 것이다."

엄마가 매일 해야 하는 일들
- 침대에서 일어나기
- 그날 입을 옷을 고르기

- 그날 사용할 유아용품을 챙기기

- 아침식사, 점심식사, 저녁식사 준비하기(간식은 차라리 쉽다!)

- 이 닦고 머리 손질하기

- 양말 신고 구두 신기

- 장난감 치우기

- 카시트 채우기

- 길 건널 때 주변을 살피기

- 말대꾸에 대처하기

- 투정하는 아이를 달래 주기

- 물어뜯지 못하게 하기

- 아이에게서 눈을 떼지 않기

- 아이가 친구와 놀 수 있게 해 주기

- 뭐든지 치우기

- 애완동물 밥 주기

- 잠자리 준비하기

- 현재 내가 엄마로서 매일 하는 일 중에 가장 힘든 일은 무엇인가?

- 여러분의 힘든 일을 친구와 함께 과학적 방법을 통해 분석해 보자. 여러분의 가설(가능한 해결책)은 무엇인가? 이 분석을 통해 여러분은 무엇을 알게 되었는가?

가족의 일정을 직접 관리하라

조그만 서커스 차에 꽉 들어찬 한 무리의 광대처럼 가족의 일정표 안에 온
갖 할 일들이 빽빽이 기록되어 있다면? 서커스는 재미라도 있지만 빽빽한
일정표는 그렇지 않다. 일정표가 꽉 차 있으면 가족들이 스트레스를 받기
쉽고 서로 대화하기도 어려워진다. 이처럼 바쁜 일상으로 유년기를 충분
히 즐기지 못한 아이를 아동 심리학자 데이빗 엘킨드는 '쫓기는 아이_the hur-
ried child_'라고 표현했다. 엘킨드는 자신의 저서 《스트레스를 주는 관계_Ties That
Stress_》에서 현대의 가정을 이렇게 묘사한다. "집은 더 이상 안식처가 아니며
양육과 보호의 장소도 아니다. 그보다는 오히려 부모와 아이가 자신들의 바
쁜 삶을 영위하며 드나드는 기차역에 가까운 장소가 되었다."

서커스 차와 기차역은 휴식을 취하거나 생각을 하거나 대화를 하거나 유년
기를 경험할 시간도 없이 계속해서 앞으로만 나아가는 공간을 의미한다. 이
모든 것은 아이를 훌륭하게 키우는 데 꼭 필요한 활동이다. 우리는 마치 가
축을 키우는 우리처럼 가족의 일정표에도 울타리를 쳐서 필요 없거나 해로
운 것들이 못 들어오게 막아야 한다. 일정표에서 그런 불필요한 것을 없애
면 아이의 삶이 좀 더 여유로워질 수 있다. 여러분이 가족의 일정을 관리하
는 문지기 역할을 맡고 있다면 다음과 같은 점을 참고하자.

- 일정표를 눈에 띄는 곳에 붙여라. 주방 벽에 일정을 기록할 커다란
  화이트보드를 걸어 두는 것도 좋다. 공간이 없다면 냉장고 위나 가
  족들이 많이 다니는 곳에 평범한 달력을 붙여도 괜찮다. 모든 일정

을 다 적을 수 있을 만큼 공간이 충분한 일정표를 선택하라.

- 꾸준히 기록하라. 매일 일정을 짤 수 있는 시간을 가져라. 실제로 하게 될 활동과 그 활동을 준비하는 데 필요한 시간을 적어 둬라. 예를 들어 독서 모임을 계획하고 있다면 그전에 책을 읽는 시간도 잊지 말고 잡아 둘 것.

- 일주일치, 혹은 한 달치 계획을 한꺼번에 짜라. 가끔은 일주일이나 한 달 단위로 넓게 보고 다른 가족의 일정도 참고하지 않으면 우리가 얼마나 바쁜지를 실감하지 못한다.

- 아무것도 하지 않는 시간을 일정에 넣어라. 그렇지 않으면 이 시간은 그냥 사라져 버린다!

- 가족이 함께하는 시간을 일정에 넣어라. 저녁 시간이든 토요일 아침이든 함께 보내는 시간을 꾸준히 가져라.

- 아이가 너무 많은 활동에 참여하지 않도록 하라. 특히 어린 아이의 경우 하나 이상은 시키지 않는 것이 좋다. 1+1이 꼭 좋은 것은 아니다. 더 큰 부담이 될 수도 있다!

실제사례 - 적을수록 좋다

많은 부모가 아이들이 친구를 사귀고 뭔가를 배울 수 있도록 어릴 때부터 여러 가지 단체 활동에 참여시킨다. 남편과 나는 그 반대로 하려고 애썼다. 우리는 아이가 어른들의 압박에 시달리지 않고 그냥 즐길 수 있기를 바랐다. 그래서 보통 서너 살 때부터 시키는 단체 활동을 초등학교 1학년 때까지 미뤘다.

> 나는 우리의 결정에 만족한다. 왜냐하면 우리 아이가 어떤 압박감도 없이 재미 있게 친구들과 사귀고 노는 법을 배웠기 때문이다.
>
> – 줄리, 세 아이의 엄마

목소리

〈가족의 일정을 짤 때 내가 즐겨 활용하는 방법은 무엇인가?〉

- 최대한 여유 있게 짠다. 어린 아이들에게는 융통성과 충분한 여유 시간이 필요하다.(그래야 창의력을 키우는 데 도움이 된다!) *– 다시, 세 아이의 엄마*

- 달력을 전체적으로 본다. 흰색보다 검은색이 많아지면 더 이상 일정을 잡지 않는다. *– 스테파니, 세 아이의 엄마*

- 온라인으로 일정을 관리한다. 아이들이 있는 집은 일정에 계속 변화가 생긴다. 종이에 적는 것보다 온라인으로 기록하면 필요할 때마다 빨리 일정을 고쳐 쓸 수 있다. *– 레베카, 두 아이의 엄마*

- 너무 많은 것을 계획하지 않는다. 쉬는 시간이 없으면 아이들이 녹초가 된다.(물론 어른들도 마찬가지다!) *– 제니퍼, 두 아이의 엄마*

어제의 일정을 아래 달력에 기록해 보라

- 아무것도 하지 않는 시간과 가족이 함께 보내는 데 배정된 시간은 각각 얼마나 되는가?
- 어제 시간을 보낸 방식은 여러분이 아이를 위해 계획한 큰 그림에 잘 맞는가?

우리 집만의 전통을 만들어라

부활절 바구니 안에는 수영복, 샌들과 자외선 차단제를 넣는다. 아이의 친구들이 집에 놀러와 자고 갈 때는 아침 식사로 미키마우스 무늬의 팬케이크를 준비한다. 다른 사람들에게는 낯설어 보일지 몰라도 이것은 우리 집안만의 전통이다.

가족만의 전통이 있다면 가족 구성원이 함께 시간을 보내며 애정을 강화할 수 있는 시간을 가질 수 있다. 전통은 아이들에게 끊임없이 변화하는 세상에서 의지할 수 있는 무언가가 되고 엄마들에게는 아이들의 삶에 잊지 못할 추억을 남겨줄 수 있는 중요한 도구가 된다.

전통은 다음과 같은 역할을 한다.

- 가족의 가치와 믿음을 가르치고 확인시켜 준다.
- 개인과 가족 모두를 위한 시간을 제공해 준다.
- 가족 간의 의사소통이 촉진된다.

- 시간의 흐름을 기념할 수 있다.

- 문화적 정체성을 형성해 준다.

- 먼 친척이나 지난 세대와의 연결 고리를 형성해 준다.

- 공유할 수 있는 기억을 만들어 준다.

- 연속성과 편안함을 느끼게 해 준다.

- 가족 간의 즐거운 추억을 만들 수 있다.

전통은 세 개의 카테고리로 분류할 수 있다.

- **일상의 전통** - 같은 노래를 들으며 일어나기, 돌아가면서 집안일 하기, 부모님이 여행을 갔을 때는 오후 5시에 꼭 통화하기, 잠들기 전에 찬송과 기도하기 등

- **가족의 전통** - 개학 날마다 사진 찍기, 가을에 구근 식물 심기, 비 오는 날 아침에 핫 초콜릿 마시기, 금요일 밤에 거실에서 캠핑하기 등

- **명절의 전통** - 어머니날에 예배 후 하이킹 가기, 가을에 호박과 나뭇잎으로 집안 장식하기, 새해 첫날 아침에 빵 만들기, 크리스마스이브에 새 파자마 선물하기 등

전통은 많을수록 좋다고 생각하는 경우가 많다. 엄마들이 경험을 통해 힘들게 배운 교훈에 따르면 뭐든 많을수록 스트레스가 된다. 보통의 엄마라면 각각의 카테고리에서 몇 개씩만 선택하는 것이 가장 좋다. 여러분이 의미 있고 즐겁고 오랫동안 계속할 수 있다고 생각되는 것으로 선택하라. 혹

시 결혼 전 여러분의 가정에 전화번호부 한 권을 채울 수 있을 만큼 많은 전통이 있었는가? 그 목록에서 여러분의 가족에게 가장 중요하다고 생각되는 것들만 추려라. 만약 그 전통이 여러분에게는 가장 중요한 것이 아니더라도 여러분의 친정어머니나 시어머니에게 중요하다면 그분들이 아이와 함께 그것을 할 수 있는 시간을 만들어라.

목소리

〈엄마들에게 들어보는 최고의 전통과 최악의 전통〉

● 최고

· 새해 첫날마다 한 나라를 선택해서 그 나라의 전통 음식을 만든다.
　　　　　　　　　　　　　　　　　　　　　　　　　– 캐리, 두 아이의 엄마

· 크리스마스 때 타말레옥수수 가루, 다진 고기, 고추로 만드는 멕시코 요리의 일종–옮긴이 를 만든다. – 아이렌, 한 아이의 엄마

· 매년 해바라기 씨를 심고 여름에 꽃이 필 때마다 아이들과 사진을 찍는다. – 매미, 두 아이의 엄마

· 크리스마스에는 '파자마 습격'의 밤을 갖는다. 남편과 내가 평소처럼 아이들을 재우고 5분쯤 후에 '파자마 습격!'이라고 소리 지르면서 뛰어들어가는 것이다. 그리고 모두 차에 타고 크리스마스트리를 보러 돌아다닌다. – 샤론, 세 아이의 엄마

● 최악

· 부활절 아침에 사탕을 먹는 것. 단 걸 너무 많이 먹어서 다들 정오쯤에는 어질어질해진다. – 셰리, 세 아이의 엄마

- 매년 호수로 여행을 떠나는데 그때마다 차를 타는 일이 끔찍하기만 하다. 아이들이 자동차를 오래 타는 것을 더 이상 좋아하지 않기 때문이다. – 니키아, 두 아이의 엄마
- '이의 요정'_{밤에 어린 아이 머리맡에 빠진 이를 놓아두면 이것을 가져간다고 전해지는 상상 속의 존재-옮긴이}을 맞이하는 일. 그 요정은 꼭 우리 집만 빠뜨리거나 아니면 굉장히 늦게 온다. – 지니, 다섯 아이의 엄마

과제

- 어릴 때부터 지켜 온 가장 좋아하는 전통은 무엇인가?
- 우리 가족에게 의미 있고 즐거우며 오래 지속될 수 있다고 생각되는 전통을 세 가지 고른다면?
  - 일상의 전통 –
  - 가족의 전통 –
  - 명절의 전통 –

[복 습]

〈엄마들은 아이들에게 깊은 애정을 보여 주어야 한다.〉

- 모성애는 강하고, 희생을 감수하며, 인생을 바꾸는 힘이다.
- 특히 유아기에 애착과 유대감을 가질 수 있는 시간을 최대화해야 아이가 건강하게 잘 자랄 수 있게 된다.
- 매일의 할 일을 잘 조율해야 더 중요한 일을 할 수 있는 시간이 생긴다.
- 가족의 일정을 잘 짜야 그 일정이 가족의 삶에 오히려 방해가 되는 것을 막을 수 있다.
- 가족의 전통을 매년 잘 지키면 가족 모두가 공유할 수 있는 추억이 생긴다.

3. 말과 행동에도 기술이 필요하다

아이는 무조건 엄마를 따라 한다

> 엄마의 마음은 아이의 교실이다.
>
> – 헨리 워드 비처

아이들은 우리의 좋은 점과 나쁜 점 모두를 따라 한다. 특히 나쁜 점은 놓치는 법이 거의 없다. 내 말을 못 믿겠다면 이웃집 아이에 대해 안 좋은 말을 슬쩍 해 보라. 얼마 지나지 않아 앞마당에서 아이가 작은 목소리로 이렇게 말하는 것을 듣게 될 것이다. "우리 엄마가 백스터네 집 애들은 너무 못돼서 같이 놀면 안 된다고 했어."(여기서 백스터는 가명이다. 내가 더 이상 곤란해지면 안 되니까) 물론 그 백스터네 집 애들의 엄마도 그 자리에 있었다. 우리 아이들은 우리의 말에서도 많은 것을 배우지만 행동에서 더 많은 것을 배운다. 우리가 말로는 인내심을 가르치면서 실제로는 성급한 행동을 보인다면 아이들은 그것을 바로 알아차린다. 우리의 말과 행동이 일치할 때 아이는 마음 깊숙이 교훈을 얻는다. 아침식사가 하루 세 끼 중 가장 중요하다고 말하고 아침마다 아이들과 함께 앉아 바나나와 시리얼을 먹는다면 그것은 말과 행동이 일치하는 것이다. 하지만 아이들에게는 고운 말만 쓰라고 얘기해 놓고 남편이 집에 올 때 달걀과 물티슈를 사오지 않았다고 소리부터 지른다면 말과 행동이 일치하지 않는 것이다.

목소리

〈아이가 엄마를 따라 해서 가장 창피했던 순간은 언제인가?〉

• 어느 날 마트에서 아이를 카트에 태우고 채소 캔 진열대 앞을 지나가고 있는데 한 할머니가 옥수수 캔을 집으려고 우리 앞을 막아섰다. 그러자 카트에 앉아 있던 내 아들이 자동차 경적 소리를 흉내 내며 소리쳤다. '비켜, 이 할망구야!" – *애쉴리, 두 아이의 엄마*

• 딸의 유치원 선생님이 딸에게 뭘 마시고 싶으냐고 물었을 때 내 딸이 이렇게 대답했다. "더블 샷에 얼음 넣어서요." (다행히 선생님은 엄마가 스타벅스에서 커피 주문하는 모습을 따라 하는 거라고 생각하셨다.) – *브랜디, 두 아이의 엄마*

• 남편이 어느 날 직장에서 돌아와 세 살짜리 아들에게 그날 하루가 어땠는지 물었다. 그러자 아들이 귀여운 목소리로 대답했다. "아빠, 그 #@&% 놈의 개미가 다시 나왔어요!" – *줄리, 다섯 아이의 엄마*

• 여러분의 말이나 행동 중에 아이가 따라 해서 창피했던 것은 무엇인가? 어떻게 하면 너무 늦기 전에 그 습관을 고칠 수 있을까?

사방에서 정보를 얻어라

엄마는 아이에게 생애 최초의 선생님이자 가장 큰 영향을 미치는 사람이다. 하지만 우리는 거의 아무런 훈련도 받지 않은 채 인생에서 가장 중요한 이 임무를 덜컥 맡게 된다. 아이에게 무슨 말을 해야 하고 어떻게 행동해야 할까? 어떻게 하면 이 일을 잘해 낼 수 있을까? 우리를 가르쳐 줄 선생님은 누구일까?

엄마들이 정보를 가장 많이 얻는 6가지 경로는 다음과 같다. (순서는 중요하지 않다):

- 자기 자신
- 동료
- 성경
- 전문가
- 멘토
- 아이들

자기 자신

엄마들은 경험과 교육을 통해 얻은 지식과 아이에게 필요한 것을 감지하는 직관을 지니고 있다. 유명 소아과 전문의인 윌리엄 시어스 박사는 이렇게 얘기한다. "하나님께서 아이를 돌볼 능력도 없이 아이만 주셨을 리는 없다." 과학적으로 증명하기는 어렵지만 아이를 돌보고 가르치는 데는 엄마의 직관이 중요한 역할을 한다. 육아 전문 블로거인 엘리자베스의 이야기를 들어보자.

나는 우리 모두가 각자의 아이들에게 딱 맞는 직감을 갖춘 존재라고 믿는다. 현대의 삶은 정신없이 빠르게 흘러가지만, 그 속도를 늦추고 장미 향기를 맡을 수 있는 여유를 가질 필요가 있다. 시간을 두고 아이를 알아 가면서 우리의 직감을 발달시켜야 한다. 내가 나의 직감에 귀를 기울이게 되기까지는 꽤 오랜 시간이 걸렸는데 좀 더 일찍 그러지 못한 것이 안타깝다. 그랬다면 아이가 살면서 경험한 많은 문제들을 미리 막아 줄 수 있었을 것이다. 그다지 큰 문제들은 아니었지만 그래도 좀 더 일찍 알았더라면 아이의 삶이 훨씬 더 수월해졌을 것 같다. 시간이 지나면서 나는 내 직감을 무시하지 않게 되었다. 중요한 것은 아이를 위해 우리가 가지고 있는 모든 도구를 사용하는 것이다.

전문가

육아 전문가는 너무나 많다. 친정어머니나 소아과 의사, 유치원 선생님처럼 주변에서 가깝게 만나는 전문가들 외에도 수많은 육아 전문가가 TV 토크쇼에 출연하고, 각종 책과 잡지 기사를 쓰고, 웹페이지와 블로그를 운영한다. 누구든 전문가가 될 수 있는 이런 세상에서 우리는 어떻게 진짜 전문가를 가려 낼 수 있을까?

- 배경 조사를 해보라. 자격증이 있는지, 육아 경험은 있는지, 교육은 얼마나 받았는지. 자신의 분야에서 존경을 받고 있는지, 그가

하는 조언이 검증된 것인지, 어떤 원칙을 지닌 사람이고 그것이 여러분과 잘 맞는지 등등

- 여러 가지 방법을 고려해 보라. 어떤 주제에 관해서 다른 의견은 뭐가 있는지 찾아보라. 예를 들어 예방 접종 문제에 관해서도 수많은 의견이 존재한다. 결정을 내리기 전에 그 모든 의견을 평가해 보라.

- 안목을 발휘하라. 여기서 다시 엄마의 직감이 중요해진다. 뭔가 잘못됐다고 느껴질 때는 자신의 직감을 믿어라. 누군가의 조언이 여러분이 믿는 가치와 일치하는지 고민해 보라. 하나님의 말씀과 어긋나지는 않는가?

- 시험해 보라. 전문가의 조언이 여러분의 상황에 맞는다면 한번 시도해 보는 것이다. 만약 성공적이라면 파일에 저장해 두고 그렇지 않다면 삭제 버튼을 눌러라.

동료

두 살짜리 아이가 여러분의 휴대전화를 자꾸 물어뜯어서 걱정이라면 공원이나 커뮤니티, 이웃, 페이스북, 혹은 마트의 기저귀 코너에서 만난 엄마들로부터 가장 올바르고 실용적인 조언을 얻을 수 있을 것이다. 아이를 키우는 친구들과 정기적으로 만나면 끊임없는 아이디어와 팁, 그리고 여러분에게 꼭 필요한 정보를 얻을 수 있다.

멘토

과거에는 어머니나 이모, 언니 등 경험이 많은 엄마들이 항상 가까운 곳에 살았기 때문에 젊은 엄마들이 언제든 조언을 얻을 수 있었다. 물론 지금도 멀리 떨어져 사는 어머니나 언니와 화상 전화로 얘기를 나눌 수는 있지만 가끔은 누군가와 직접 만나 이야기를 나누는 일이 필요할 때가 있다. 여러분의 어머니든 혹은 다른 누구든 멘토가 되어 줄 사람을 찾아라. 육아 경험이 여러분보다 많고 언제든 필요할 때 그 의견을 물을 수 있는 사람이어야 한다. 멘토의 장점은 여러분 자신과 아이에 대해 잘 알고 그에 딱 맞는 정보를 알려 줄 수 있다는 점이다.

성경

좋은 엄마가 되기 위해 정보를 찾아 헤매던 나는 성경이 그 어떤 검색 엔진보다 더 좋은 정보를 담고 있다는 사실을 깨달았다. 하나님의 말씀을 통해 엄마로서의 삶의 지침을 얻을 수 있다. 아래와 같은 말씀들을 참고해 보자.

- 뭔가를 훌륭하게 해내기 위해 애쓸 때

무슨 일을 하든지 마음을 다하여 주께 하듯 하고 사람에게 하듯 하지 말라.

- 골로새서 3장 23절

• 걱정이 많을 때

그러므로 내가 너희에게 이르노니 목숨을 위하여 무엇을 먹을까 무엇을 마실까 몸을 위하여 무엇을 입을까 염려하지 말라…… 공중의 새를 보라. 심지도 않고 거두지도 않고 창고에 모아들이지도 아니하되 너희 하늘 아버지께서 기르시나니 너희는 이것들보다 귀하지 아니하냐.

– 마태복음 6장 25~26절

• 모든 일이 잘 안 풀릴 때

범사에 기한이 있고 천하 만사가 다 때가 있나니.

–전도서 3장 1절

• 불평하는 아이들을 타이를 때

모든 일을 원망과 시비가 없이 하라.

– 빌립보서 2장 14절

아이들

시간과 노력을 들여 여러분의 아이를 연구하라. 아이의 재능과 노력, 생각하는 방식, 좋아하는 것 모두가 오직 그 아이만의 독특하고 섬세한 특징이다. 이런 요소가 아이의 미래를 계획하는 데 실마리가 되어줄 것이다. 아이들은 또한 좋은 선생님이기도 하다. 아이들에게 이렇게 질문해보라. "공룡을 어떻게 구별할 수 있을까?" "노숙자를 돕는 좋은 방법이 없을까?" 아이들은 아마 여러분이 생각지도 못했던 기발한 대답들을 들려줄 것이다. 아이들의 신선한 시각과 생각은 우리의 삶을 더욱 풍부하게 해 준다.

 엄마들의 통계

〈육아에 관련된 조언이 필요할 때 누구에게서 도움을 얻는가?〉

- 다양한 분야의 전문가 : 37%
- 친정어머니/시어머니/할머니 : 20%
- 친구/다른 엄마 : 19%
- 하나님/성경 : 8%
- 자기 자신/남편 : 6%
- 아이의 반응 : 3%
- 언니/여동생/시누이/올케/사촌 : 2%
- 목사님/목사 사모님 : 1%
- 기타 : 4%

 **과제**

- 어떤 사람들에게 조언을 얻고 싶은가?
- 내 아이에게 배운 가장 큰 교훈은 무엇인가?

좋은 것만 보게 하라

아이는 자라나면서 주변에서 일어나는 수많은 일에 관심을 보인다. 최근 연구 결과, 아이를 키우는 엄마들은 매우 뚜렷하게 특징적인 가치관을 지닌 것으로 나타났다.

- 95%의 엄마가 미국 문화가 아이들에게 좀 더 긍정적인 가치를 심어 줬으면 좋겠다고 대답했다.
- 88%의 엄마가 미디어가 아이에게 미치는 영향을 우려했다.
- 87%의 엄마가 광고가 아이에게 미치는 영향을 우려했다.
- 86%의 엄마가 아이들은 성인문화로부터 보호받아야 한다고 대답했다.

 엄마들의 통계

〈엄마가 아이들을 통해 가장 많이 배운 20가지〉
- 조건 없는 사랑
- 인내심
- 작은 것의·아름다움
- 내가 완벽하지는 않지만 그래도 좋은 엄마라는 사실
- 하나님에 대한 믿음
- 나에 대한 하나님의 사랑
- 말과 행동을 조심하는 법. 아이들이 그대로 따라 하기 때문에
- 융통성

- 즐거움
- 긴장을 푸는 법
- 올바른 시각
- 느리게 사는 법
- 작은 일에 고민하지 않기
- 다른 사람의 관점에서 바라보기
- 내가 모든 걸 다 알지는 못한다는 사실
- 헌신
- 잠이 부족한 상태에서 일하는 법
- 낮잠의 소중함
- 감사하는 마음
- 결국 엄마 말이 옳았다는 것

아이들이 접하기 쉬운 온갖 해로운 것들을 생각하면 차라리 우리의 순수한 아이들을 아무것도 뚫고 들어올 수 없는 거품 속에 가둬 두고 싶어진다. 하지만 우리 자신의 10대 시절을 돌아봐도 금방 알 수 있듯이 아이들이 영원히 그 거품 속에 살려 하지는 않을 것이다. 아이들은 주변의 세상 속으로 뛰어들기를 원한다. 게다가 세상에는 아이들이 경험할 수 있는 좋은 것들도 많이 있지 않은가. 보호해 주는 동시에 경험도 시켜 줘야 한다. 어떻게 이 두 가지를 동시에 할 수 있을까?

좋은 것들을 보게 하라

- 아이를 가장 좋은 문화와 접하게 하라. 엄선된 음악과 미술, 문학, 과학,

운동을 통해 좋은 것을 알아보고 사랑할 줄 아는 아이로 키워라.

- 아이의 주변을 좋은 사람들로 가득 채워라. 여러분 가족이 믿는 가치대로 살아가며 세상을 더 좋은 곳으로 만들기 위해 노력하는 다양한 연령대의 사람들이면 좋다.

- 여러분의 신념을 끊임없이 보여줘라. 마트에서 뒷사람에게 자리를 양보하고, 무료 급식소에 갖다 줄 음식을 구입하고, 재활용 봉투를 사용하는 이유를 알려 주고, 시식 코너의 쿠키는 딱 하나만 집고, 예산에 맞춘 쇼핑을 하는 모습을 보여줘라.

- 옳은 일에 참여하라. 유방암 퇴치 행사에 참여하고, 외국인 학생들을 초대하고, 교회 탁아소를 청소하고, 어려운 아이들을 도와줘라.

- 아이에게 다양한 문화를 소개하고 전 세계의 다양한 음악과 전통, 예술을 경험하게 해줘라.

안목을 길러줘라

- 안 좋은 영향을 미치는 것들을 골라내어 그게 왜 해로운지 얘기를 나눠라.
- 아이들이 이해할 수 있게 안 된다고 말하는 법을 연습하라.
- 평가하는 방법을 가르쳐라. 이게 진짜인가, 가짜인가? 좋은 것인가, 나쁜 것인가? 안전한 것인가, 위험한 것인가? 어린 아이들일수록 단순한 선택을 하도록 해야 한다.
- 아이의 말을 들어주고 대화를 나눠라. 아이의 생각을 이해하려고 노력하고 여러분의 생각도 이야기해줘라.

• 항상 깨어 있어라. 온라인 뉴스레터나 친구들과의 모임, 학부모회의 참석 등을 통해 문화적으로 뒤처지지 않도록 노력하라.

88%의 엄마가 미디어의 영향을 걱정한다는 것을 알게 된 나는 세 아이의 엄마이자 '국립 아동 가족 보호 연합*National Coalition for the Protection of Children and Families*'에서 일하는 카리 글리메이커*Kari Glemaker*에게 그녀의 가정에서는 미디어와 다른 외부적인 영향들을 어떻게 관리하는지 물어보았다. 카리는 오늘날 아이들에게 영향을 미칠 수 있는 수많은 요소를 관리하는 원칙을 설명해 주었다.

우리는 아이들의 삶에 가장 많은 영향을 미치는 사람이다. 아이가 어릴 때 가족의 규칙을 세우고 그 규칙이 계속 지켜지도록 **지속적으로 아이들과 대화를 나눠라.** 어떤 주제에 관해 한 번 짧게 얘기하는 것으로는 부족하다. 엄마들 스스로 자신이 전화 통화에 얼마나 많은 시간을 소비하는지, 인터넷은 어떻게 이용하는지, TV에서 어떤 프로그램을 보는지를 파악하고 관리해야 한다. 아이들은 우리를 보고 배우기 때문이다.

전화, 컴퓨터, 휴대용 게임기, TV 등 가능한 모든 기기에서 **사용 규제 기능***Parental Control***을 활용하라.** 아이에게 적절한 수준으로 세팅을 한 뒤 사용 기록을 정기적으로 확인하라. 특정한 정보를 차단해줄 뿐 아니라 누군가 그 차단을 풀려고 하면 바로 부모에게 알려주는 소프트웨어도 있다. 이러한 규제가 꼭 필요한 일이라는 사실을 아이에게 설명해 줘라. 컴퓨터나 TV의

사용 시간을 정하고 그것을 반드시 지키게 하라. 이렇게 하면 아이의 시간 관리 능력이 높아지고 운동이나 독서 같은 다른 활동을 할 수 있는 시간이 생긴다.

컴퓨터를 가족이 함께 사용하는 공간으로 옮겨라. 게임기와 휴대폰으로도 인터넷 접속이 가능하다는 것을 기억해야 한다. 건전한 미디어를 골라 **가족이 함께 즐겨라.** 학습, 탐구, 대화, 오락 등 다양한 용도로 활용할 수 있다. 아이가 어떤 것들을 접하고 있는지도 알아야 한다. 질문을 계속해서 확실하게 알아내라. 가족의 기준에 맞지 않는 무언가를 접했을 때 어떻게 행동해야 하는지를 아이에게 가르쳐라. **역할 놀이**를 해 보는 것도 큰 도움이 된다.

목소리

〈가족이 좋은 문화를 접하게 하기 위해 나는 어떤 노력을 하는가?〉

- 색다른 음식을 먹어 보고, 여러 민족에 관한 대화를 나누며, 다른 문화권의 아이들과 친하게 지내도록 한다. *– 다이애나, 세 아이의 엄마*

- '뉴스 타임'을 갖는다. 인터넷에서 중요한 뉴스를 찾아 아이들에게 알기 쉽게 설명해 준다. 그 주제에 대한 느낌을 이야기하고 아이들에게도 이야기해 보도록 한다. *– 카미, 두 아이의 엄마*

- 엄마의 나라에 대해 알려 주기 위해 스페인 TV와 라디오를 틀어 주고 할아버지가 해주셨던 옛날 얘기들을 들려준다. *– 조시, 다섯 아이*

〈아이가 안 좋은 영향을 받지 않도록 하기 위해 나는 어떻게 하는가?〉

• 항상 감시할 수 있는 방에만 컴퓨터를 둔다 – *멜리사, 두 아이의 엄마*

• 대화를 많이 나눈다. 아이들을 따로 두지 않으며, 규칙을 세우고 그것
을 지키게 한다. – *코랄, 세 아이의 엄마*

• 아이의 반 친구들이나 선생님과 가깝게 지낸다. 아이들이 보고 듣는
것에 관해 얘기를 나눈다. 지금 작은 일들에 관한 대화를 나눌 수 있
다면 자라면서 더 큰 일에 관한 대화도 나눌 수 있게 될 것이다. 그렇
게 되기를 기도한다. – *로리, 두 아이의 엄마 의 엄마*

• 아이에게 경험시켜 주고 싶은 긍정적인 것들에는 뭐가
있을까?

• 내 아이는 지금 부정적인 영향에 얼마나 노출돼 있는
가?

훈육, 이렇게 해야 효과적이다

구글에 '훈육'이라는 단어를 검색했더니 85,700,000개의 결과가 나왔다.
'아이를 훈육하는 방법'으로 검색 조건을 좁혀 봤지만 그래도 16,600,600개
정도가 나왔다. 이것만 봐도 알 수 있듯이 누구에게나 맞는 훈육법이란 누
구에게나 맞는 청바지처럼 찾기 힘든 것이다. (그걸 깨닫기 위해서 우리는
얼마나 많은 청바지를 입어 보았는가!) '단계별 육아 매뉴얼', '1-2-3 마법

의 교육법' 같은 것들이 널려 있지만 훈육이라는 게 그렇게 간단한 거라면 얼마나 좋겠는가? 중요한 것은 수많은 훈육법 속에서 우리가 활용할 수 있는 것을 찾아내는 것이다.

훈육이란 올바른 행동을 가르쳐서 아이의 태도를 바로잡아주고, 어려운 상황에서도 차분하고 신중하게 행동할 수 있는 능력을 길러주는 것이다. 온라인 설문 조사 결과 엄마들은 훈육에 대해 다음과 같이 응답했다.

- 나는 훈육을 통해 긍정적이고 생산적인 결과를 이끌어내고 있다.
  - 그렇다 : 77%   · 아니다 : 23%
- 나는 아이의 훈육에서 가장 중요한 역할을 맡고 있다.
  - 그렇다 : 89%   · 아니다 : 11%
- 꾸준한 훈육을 할 수 있도록 나 자신을 다그치는 일이 엄마로서 가장 힘든 일 중 하나이다.
  - 그렇다 : 82%   · 아니다 : 18%

여러분은 어떻게 생각하는가?

엄마로서 나는 위의 세 문장에 모두 동의한다. 하지만 솔직히 가끔은 훈육 자체를 하고 싶지 않아진다. 훈육은 매우 힘든 일이다. 시간과 에너지, 자원, 인내심이 필요하다. 잠언에 나오는 두 가지 말씀에서 용기를 얻어 보자.

내 아들아, 네 아비의 명령을 지키며

네 어미의 법을 떠나지 말고

그것을 항상 네 마음에 새기며 네 목에 매라.

그것이 네가 다닐 때에 너를 인도하며

네가 잘 때에 너를 보호하며

네가 깰 때에 너와 더불어 말하리니

대저 명령은 등불이요, 법은 빛이요

훈계의 책망은 곧 생명의 길이라.

– 잠언 6장 20~23절

아이를 훈육할 때 아이가 '엄마는 정말 나빠, 엄마 미워!'와 같은 반응을 보인다면 성경에 나오는 다음의 말씀을 기억하라.

매를 아끼는 자는 그의 자식을 미워함이라

자식을 사랑하는 자는 근실히 징계하느니라.

– 잠언 13장 24절

아이를 훈육하는 일은 일종의 과학이다. 아이의 행동과 동기, 반응 등을 주의 깊게 관찰하는 과정이 필요하다. 구글에서 나온 16,600,600가지의 아이디어 중에서 실험을 통해 우리 아이의 미래에 가장 잘 맞는 것을 찾아낼 수도 있겠지만 좋은 방법을 여러분이 창의적으로 개발해낼 수도 있다.

행동은 말보다 강하다. 이는 오랫동안 전 세계의 엄마들이 신조로 삼아 온 문장이다. 아이가 진실하길 원한다면 우리가 진실을 말해야 한다. 식사 시간에 귀찮게 전화하는 텔레마케터에게조차도 말이다. 나눔을 실천하는 아이로 키우고 싶다면 우리가 그것을 실천해야 한다. 모닝커피를 포기해야 한다고 해도 어쩔 수 없다. 아이가 방을 치우게 하고 싶으면 우리 자신의 방부터 깔끔하게 유지해야 한다. 엄마가 항상 완벽하지 못하면 아이들을 망친다는 뜻은 아니다. 우리가 실수에 대처하는 모습을 보며 아이들도 실수에 대처하는 법을 배울 것이다. "엄마는 실수로 속도위반을 했어. 그래서 이제 경찰 아저씨한테 죄송하다고 말해야 해."

훈육을 좀 더 효과적으로 할 수 있는 방법

- 아이의 능력과 한계를 파악하라. 아이들은 저마다 성장 속도도 다르고 장단점도 다르다. 아이가 나쁜 행동을 하는 것은 단지 여러분이 요구하는 것을 할 능력이 없거나 그 요구 자체를 이해하지 못해서일지도 모른다.

- 말하기 전에 먼저 생각하라. 일단 규칙을 정하거나 약속을 하면 그것을 지켜야 한다. 현실적으로 생각하라. 안 된다고 말하기 전에 그것이 징말 필요한 일인지 고민하라.

- 아이는 '효과가 있는' 행동을 계속한다는 걸 기억하라. 아이가 마트에서 성질을 부려서 달래려고 사탕을 주었다면 아이는 아마 다음에도 또 성질을 부릴 것이다. 잘못된 행동을 부추기지 않도록 해야 한다.

- 일관성 있게 행동하라. 항상 똑같이 행동할 수는 없지만 훈육의 목표와 규칙, 방법만큼은 항상 같게 유지하라. 그것이 자주 바뀌면 아이는 혼란을 느끼고 오히려 한계를 시험하는 행동을 할 것이다.

- 아이의 감정에 주의를 기울여라. 아이가 나쁜 행동을 하는 이유를 알아낸다면 문제를 해결하는 데 한 걸음 더 가까이 다가선 것이다. 엄마가 자신을 이해한다는 사실을 알면 아이는 좀 더 착하게 행동할 것이다. 예를 들면 "친구가 집에 가서 슬픈 건 알지만 그래도 장난감은 치워야지"와 같이 이야기하라.

- 실수를 배움의 기회로 삼아라. 처음에 어떤 상황을 잘 해결하지 못했다고 좌절하지 말라. 다르게 행동할 수 있는 방법을 생각해 보고 다음 기회에는 그 방법을 시도하면 된다. 만약 흥분해서 실수를 저질렀다면 진정하고 아이에게 사과한 뒤 다음에는 어떻게 하겠다고 이야기해줘라. 그리고 그 약속을 지키도록 노력해라. 이런 행동은 아이에게 실수를 극복하는 좋은 모범이 되어줄 것이다.

 엄마들의 통계

〈훈육할 때 가장 어려운 5가지〉
- 아이가 내 말을 듣게 하는 것
- 말대꾸를 하지 않도록 가르치는 것
- 형제 또는 자매의 질투
- 아이가 반항할 때 흔들리지 않고 일관성 있게 행동하는 것
- 물어뜯거나 때리는 등의 나쁜 습관을 고쳐주는 것

"이제 내가 영화 고를 차례야." 브리타가 동생에게 소리를 질렀다.

"아냐, 내 차례야" 조아나가 되받아쳤다.

또 시작이군, 나는 생각했다. 브리타가 나에게 징징거렸다.

"엄마, 내 차례잖아요. 기억나죠? 어제 조아나가 영화 골랐잖아요."

"아니, 기억 안 나." 나는 딱 잘라 말했다.

"지금은 엄마가 해결해 줄 수가 없어. 쌍둥이 우유 먹여야 해."

각각 두 살과 세 살인 두 딸의 끊임없는 싸움에 나는 서서히 참을성을 잃어 가고 있었다. 쌍둥이 젖먹이에게 신경을 쓰느라 애들이 영화 고르는 순서를 일일이 관리해 줄 시간이 없었던 것이다. 하지만 이 싸움을 진압하기 위해 뭔가 조치를 취해야만 했다. 그날 오후 나는 주방용품점 옆을 지나다가 접시닦이에 붙이는 작은 자석을 보았다. 한쪽에는 '깨끗함'이라고 쓰여 있고 반대쪽에는 '더러움'이라고 쓰여 있었다. 그때 나는 무릎을 쳤다. 아하!

나는 집에 와서 두 아이의 이름을 종이에 출력해 코팅한 후 냉장고 자석 양쪽에 각각 붙였다. 그리고 매일 자석을 한 번씩 뒤집어서 그날은 누구 차례인지를 표시하기 시작했다. 이것은 정말 효과가 좋았고 덕분에 나는 그 싸움에서 해방될 수 있었다. 아이들이 누구 차례냐고 물어보면 난 그냥 냉장고의 자석을 보라고 말하면 되니까.

– 코린, 네 아이의 엄마

과제

- 내가 아이들을 훈육할 때 가장 어렵게 생각하는 5가지는 무엇인가?

- 아이의 미래를 위해 나는 어떻게 이 어려움을 해결할 것인가?

4. 인내하라, 언젠가 보답이 있을 것이다

PART 2의 시작 부분에서 나는 54%의 엄마들이 거의 매일 성공적이었다고 느낀다는 연구 결과를 소개했다. '거의 매일'이다. 그 '거의'에 해당되지 않는 날은 어떨까? 성공적이라고 말하기 어려운 날들이 있을 것이다. 우리 아기의 성장이 많이 느리다는 것을 깨달았을 때, 식사나 TV에 관련된 나의 나쁜 습관이 아이에게도 나쁜 영향을 미치고 있지만 도저히 고칠 엄두가 나지 않을 때, 유치원에 다니는 아이가 말썽을 피워서 선생님의 호출을 받았을 때, 밀린 청구서와 주방 바닥에 쏟아진 포도 주스 같은 것들 때문에 이불 속에서 나오고 싶지 않아질 때. 이런 때에는 어떻게 대처해야 할까?

그런 날을 경험해 본 적이 없다면 다음 장으로 바로 넘어가도 좋다. 그러나 다음 장으로 넘어가기 전에 이 페이지에 표시를 해 놓길 바란다. 누구나 언젠가는 그런 경험을 할 가능성이 크기 때문이다.

아이를 키우는 일은 끊임없는 도전이다. 유명한 캐럴 가사처럼 아이들은 '잠잘 때나 일어날 때, 짜증 낼 때, 장난할 때도' 항상 여러분을 보고 있다. 분명히 여러분도 실수할 때가 있을 것이다. 조심할 필요는 있지만 완벽해질 필요는 없다. 실수에 대처하고 문제를 극복하며 잘못된 걸 고치고 다시 시작하는 그 모습에서 아이들은 많은 것을 배울 테니까.

아이들은 각자 선택을 내릴 수 있는 능력이 있다. 때로 그 선택이 우리에게 고통을 주고 엄마로서의 능력을 의심하게 만들지도 모른다. 그래서 나는 돌아온 탕아 이야기를 좋아한다. 방탕한 아들은 나쁜 선택을 하고 자신이 배운 가치에 도전하지만 가진 것을 다 써 버리자 결국 집으로 돌아온다. 잠언 22장 6절에 이런 구절이 있다. "마땅히 행할 길을 아이에게 가르치라. 그리하면 늙어도 그것을 떠나지 아니하리라." 우리가 오늘 우리의 아이들에게 가르치는 것을 아이는 평생 지니고 갈 것이다.

인내하라. 오늘 그 결과를 볼 수 없을지라도 언젠가 보게 될 것이다.

인내하라. 오늘은 실수를 저지를 수도 있다. 자신을 용서하고 다시 한 번 시도하라.

멀리 바라보라. 예술은 하루아침에 이루어지는 것이 아니다. 미켈란젤로의 걸작인 시스티나 성당의 천장화도 완성하는 데 4년이 걸렸다. (미켈란젤로에겐 조수들도 있었다.) 그동안 미켈란젤로는 가난에 시달리고 허리가 굽고 시력이 약해지고 식습관이 바뀌고 만성 피로에 시달렸다. 엄마들에게는 익숙한 증상 아닌가?

그런 고난 속에서도 미켈란젤로는 작품을 완성했고 결국 그의 아름다운 작품은 5백 년 동안 시스티나 성당을 빛내며 하나님께 영광을 돌리고 있다. 자신이 가난하고 배고프고 피곤하다고 느껴질 때 눈을 감고 다시 한 번 완성된 결작의 모습을 떠올려 보라. 여러분이 나아가고 있는 그 방향을 기억하라.

그리고 기도하라. 하나님은 기도를 들어주시는 분이며 여러분과 여러분의 아이를 깊이 사랑하신다. 성공적이었던 날이든 그렇지 않은 날이든 상관없다. 매일 아침 일어나기 전에 인내와 통찰력, 지혜와 힘을 달라고 기도하

라. 주방에서 칼로 과일을 썰다가도 평안을 달라고 기도하라. 소아과에서 우는 아이를 달랠 수 있게 해 달라고 기도하라. 매일 밤 잠자리에 들기 전에 여러분의 손에 맡겨진 이 아름다운 작품을 훌륭하게 키워 낼 수 있는 힘을 달라고 기도하라.

과제

- 내가 엄마로서 겪는 어려움은 무엇인가?
- 내가 힘든 일을 헤쳐나가는 모습을 보면서 아이가 무엇을 배우길 바라는가?
- 내 육아 기술 중 가장 뛰어난 것은 무엇인가?
- 엄마로서 여러분의 장단점을 둘 다 표현할 수 있는 짧은 기도문을 작성하라. 하나님께 그 둘 모두에 대처할 수 있는 방법을 알려 달라고 기도하라.

[복 습]

〈엄마들은 거의 매일 성공적이라고 느끼지만 항상 그렇지는 않다.〉

- 엄마들에게는 자기 자신과 아이에 대한 인내심이 필요하다.
- 장기적인 관점에서 보라. 걸작을 만드는 데는 시간이 걸린다.
- 성공적인 날이든 그렇지 않은 날이든 언제나 기도하라. 하나님께서 도와주신다.

함께 산다는 것은 예술이다. - 윌리암 피켄스

PART 3

혼자서는 아이를 키울 수 없다

1. 외로운 엄마는 더 힘들다

외로움에는 해독제가 필요하다

어느 날 아침 아이들을 학교에 데려다 주고 직장으로 출근하는 길에 나는 외로움이 밀려드는 것을 느꼈다. 오랫동안 한 지역에서 익숙한 사람들에 둘러싸여 살다가 얼마 전 이곳으로 이사하면서 예상치 못했던 고독을 경험하게 된 것이다. 이사하기 전에는 아이들을 학교에 통학시키면서 카풀 친구들을 만나기도 하고 학교 주차장에서 다른 엄마들과 수다를 떨기도 했다. 학부모나 선생님들 모두 서로 모르는 사람이 없었다. 하지만 이사한 후에는 늘 혼자 아이를 데려다 줘야 했고 주차장에도 아는 사람이 전혀 없었다. 한참 울고 난 후 눈 밑의 마스카라 자국을 지운 뒤 나는 억지로 미소를 지어 보았다. 그리고 이 외로움을 나 혼자 해결해 보기로 결심했다.

외로움을 혼자 해결하다니 아이러니 아닌가? 외로움은 절대 혼자서 해결할 수 없다. 하지만 나는 내 외로움이 어쩐지 창피하게 느껴져서 다른 사람에게 알리고 싶지 않았다.

엄마가 되면 가족과 친구들과의 관계에 변화가 찾아오기 마련이다. 결혼한 상태라면 남편과의 관계에도 변화가 생길 것이다. 심지어 의사나 마트 배달원처럼 가끔 만나는 사람들과의 관계도 변화하게 된다. 때로는 사랑스러운 아기에게 온 정신을 쏟느라 세상의 다른 사람들로부터 동떨어진 느낌을 받기도 한다. 하지만 또 다른 아이러니는 엄마들은 부끄러워서 이런 얘기를 하지 못한다는 것이다.

여러 연구 결과에 따르면 주변의 엄마들이나 그 가족들과의 강한 유대 관계는 커다란 가치가 있다. '건강한 가족 만들기*Promoting Healthy Families*'의 조사에 따르면 인간관계는 아동 학대와 방임을 막아주는 중요한 요소 중 하나라고 한다. "신뢰하고 아껴주는 가족과 친구들은 매일 힘들게 살아가는 부모들에게 격려와 도움을 주는 감정적 지원자 역할을 한다." 작가이며 교육자이자 두 아이의 엄마인 졸린 뢸케파르타인*Jolene Roehlkepartain*은 서치 인스티튜트의 연구를 바탕으로 쓴 자신의 저서에서 이렇게 이야기한다.

육아에서 오는 스트레스와 피로야말로 다른 어른들과의 인간관계가 중요한 이유이다. 여러분에겐 주변 사람들의 지원이 필요하다. 친구들과 보낼 시간이 별로 없다고 해도 돈독한 우정은 꼭 필요하다. 어른들 사이의 관계가 부모로서의 삶을 훨씬 더 수월하게 해주고 여러분의 삶을 좀 더 개인적으로 의미 있는 것으로 만들어줄 것이다.

다른 엄마들로부터의 도움은 유아기뿐만 아니라 아이들이 커가는 모든 과정과 시기에 중요한 역할을 한다. 인간관계가 왜 이렇게 중요할까? '강한 가족 만들기*Building Strong Families*'의 설문 조사 결과 응답자들은 다음과 같은 점들 때문에 중요하다고 대답했다.

• 내가 부모 역할을 잘하고 있다는 격려를 받을 수 있다.

- 다른 부모들과 육아 문제에 대해 의논할 수 있다.

- 육아에 관한 믿을 만한 조언을 얻을 수 있다.

- 친구나 이웃과 같은 믿을 수 있는 사람들이 아이들과 좀 더 바람직한 시간을 보내줄 수 있다.

엄마들이 함께 모여 가족의 환경을 만들어 간다면 육아의 난관을 좀 더 쉽게 헤쳐나갈 수 있다. 또한 그런 모임 내에서의 다양한 인간관계가 고독과 외로움에 대한 해독제가 되어 줄 수 있다. 좋은 커뮤니티는 우리가 안심하고 아이들을 키울 수 있는 든든한 울타리가 되어주며 엄마들이 좀 더 강하게 힘든 육아의 의무를 수행할 수 있게 해준다. 이러한 커뮤니티는 다양한 곳에서 찾아볼 수 있다.

과제

- 엄마가 된 후 내 인간관계는 어떻게 변화했는가?

- 나는 좋은 커뮤니티를 어떤 곳에서 찾았는가?

- 이 커뮤니티 내에서 내가 가장 얻고 싶어 하는 것은 무엇인가?

시간과 신뢰가 관건이다

외로움에 시달리던 나는 결국 몇 명의 사람들과 새롭게 친해지기 시작했다. 하지만 음식과는 달리 인간관계에는 '인스턴트'라는 게 없는 법이다! 그래서 나는 정기적으로 새로운 환경에 적응해야 하는 군인 가정의 엄마들을 매우 존경하는데 그중 홀리라는 엄마의 이야기를 들어보자.

 엄마들의 통계

〈우리 가족이 속해 있는 커뮤니티는?〉

- 확대 가족 : 55%
- 이웃 : 53%
- 학교/놀이 그룹 : 71%
- 직장 : 34%
- 종교 모임 : 76%

 실제사례 – **가족 만들기**

노스캐롤라이나에 살던 4년간 우리 집 전화는 끊임없이 울렸다. 나는 남편이 그곳으로 배치를 받자마자 새 친구들을 사귀기 시작했다. 기지 주변에서는 별로 할 일이 없었고 남편 필도 늘 바빠서 남는 시간에 만날 사람들이 필요했던 것이다. 교회에 다니던 나는 MOPS 커뮤니티를 알게 되었고 그곳에서 나와 두 아이를 위한 새로운 가족들을 만들어 가기 시작했다. 곧 딸이 다니는 유치원 학부모 중 절반과 알고 지내는 사이가 되었다.

플로리다로 옮겨 온 지금은 상황이 많이 다르다. 약 일 년 전에 이사를 왔지만 지금도 내 전화는 거의 울리지 않는다. 어쩌다 울려서 받아보면 대개는 남편 전화다. 나는 여전히 사람들을 좋아하는데 왜 이렇게 달라졌을까? 한 가지 차이가 있다면 친구를 사귀고 싶은 욕구가 예전만큼 크지 않다는 점이다. 필이 집에 있는 시간이 많고 근무 시간도 규칙적이라 남편과 보내는 시간이 늘어났기 때문이다. 군인 가정에서 자랐지만 부모님의 이혼을 경험한 나에게는 남편과의 시간이 언제나 가장 우선이다. 아이들에게 같은 아픔을 겪게 하고 싶지는 않다.

새로 옮겨 온 곳에는 재밌는 볼거리들이 많아 무척 바쁘게 지내고 있다. 좋은 점도 있고 나쁜 점도 있는데 좋은 점은 가족들이 함께 즐기는 시간이 늘었다는 점이고 나쁜 점은 다른 가족들과 보내는 시간이 줄었다는 점이다. 그럴 시간을 내기가 힘들기 때문이다. 새로운 관계를 맺기가 꺼려지는 이유에는 시간도 큰 역할을 한다. 여기서 오래 살지 않으리라는 걸 알기 때문에 굳이 시간을 투자해 사람을 사귈 가치가 있는지 의문이 드는 것이다. 헤어질 때 얼마나 가슴이 아픈지 나는 경험을 통해 알고 있다. 사귀었던 친구들도 언젠가는 반드시 떠나게 된다.

여기로 이사 왔을 때 나는 우리와 매우 친하게 지내던 한 부부와 다시 이웃이 되어 기뻤다. 하지만 우리가 과거에 나누었던 우정을 다시 경험할 수는 없었다. 사실 우정 자체가 사라져 버렸다고 해야 할 것이다. 나는 배신감을 느꼈고 상처를 받았다. 또 처음 이사 온 후 친해졌던 한 엄마가 나와 개인적으로 나눈 대화 내용을 다른 사람들에게 다 말하고 다닌 일도 있었다. 또다시 배신을 당한 것이다! 따라서 내가 관계 맺기를 주저하게 된 이유는 시간과 신뢰 때문이라고 할 수 있겠다. 하지만 조만간 전화가 좀 더 자주 울리게 될지도 모르겠다. 나는 또 다른 엄마와 친해졌는데, 이번에는 깊은 우정을 쌓을 가능성이 보인다. 지난 주말에는 교회에서 자원 봉사에 참여하면서 마음에 드는 새로운 사람들을 만났다. 과거에 느꼈던 배신감을 과감히 떨쳐 버리고 이런 새로운 관계에 시간을 투자한다면 또다시 '새로운 가족'을 만들어 갈 수 있을 것이다.

– 홀리, 두 아이의 엄마

홀리는 남편과의 관계를 가장 중요하게 여기지만 여전히 친구들과 새로운 관계를 맺기 위해 노력하고 있다. 홀리가 인간관계를 맺는 데 가장 중요한 두 가지 요소는 바로 시간과 신뢰이다.

시간은 인간관계를 맺는 데 꼭 필요한 요소이다. 우정을 키우려면 시간을 투자해야 한다. 누군가에게 주목하고 대화를 나누고 함께 뭔가를 경험하고 상대의 관심사를 알고 상대에게 맞춰가야 한다. 이런 과정을 '투자'라고 정의하는 게 흥미롭지 않은가? 우리는 인간관계를 비용과 가치의 개념으로 이해하고 있는 것이다. 그렇다면 얼마나 가치 있는 관계인지는 그 관계에 얼마나 많은 시간을 투자하는지를 보면 알 수 있을까? 내 경우에는 항상 그렇지만은 않다. 홀리처럼 나도 가끔은 다른 일을 하느라 가치 있는 인간관계에 필요한 시간을 빼앗긴다. 그렇기 때문에 시간을 활용하는 습관을 항상 점검하여 인간관계에 충분히 투자할 수 있도록 조절해 나가야 한다.

홀리가 커피를 마시거나 운동을 하면서 새로운 사람들을 만나다 보면 의미 있는 관계를 만들 기회가 생길 것이다. 그리고 그런 경험은 함께 공유하는 기억의 일부가 될 것이다. 홀리는 남편 필과 함께 있는 시간을 현명하게 활용하여 좋은 부부 관계 또한 유지하고 있다.

인간관계 형성에 시간보다 더 중요한 것은 바로 신뢰이다. 홀리는 배신감과 헤어질 때의 아픔을 두려워한다. 많은 사람이 이러한 두려움 때문에 누군가를 잘 신뢰하지 못한다. 내가 두려워하는 것은 좀 다른 종류이다. 나는 불완전하고 칠칠치 못한 나 자신을 다른 사람들에게 보여주는 것이 두렵다. 거절당할지도 모른다는 두려움 때문에 내 외로움을 다른 사람들에게 숨겨왔다.

그러나 배신이든 헤어짐이든 거절이든 무언가를 두려워하면 마음의 문을 열지 못한다. 새로운 관계를 받아들이지 못하고 다른 사람들을 마치 문 앞에 선 커다란 늑대처럼 바라보게 되는 것이다. 피상적인 대화와 안전한 활동들로 아무도 침범할 수 없는 벽을 쌓지만 그럴수록 더욱 외로움 속에 고립된다. 신뢰란 우리가 겪는 어려움과 실수, 불안과 의문을 다른 사람들과 나누는 것이다. 물론 함께 나눈 얘기들은 비밀로 해야 한다. 홀리가 이사 후 처음 친해지려고 시도했던 여성이 이러한 믿음을 지켰다면 두 사람 모두에게 도움이 되는 우정을 키울 수 있었을 것이다.

 엄마들의 통계

〈안심하고 비밀을 털어놓을 사람이 적어도 한 명은 있다.〉
• 그렇다 : 96%
• 아니다 : 4%

 엄마들의 통계

〈신뢰를 키우기 위해 할 수 있는 일들에는 어떤 것이 있을까?〉
• 약속을 지킨다.
• 비밀을 유지한다.
• 진심으로 칭찬한다.

- 주의 깊게 듣는다.
- 실수를 눈감아준다.
- 필요할 때는 잘못을 지적해준다.
- 차이를 존중한다.
- 솔직하게 행동한다.
- 의견을 수용한다.
- 시간을 투자한다.
- 문제를 함께 헤쳐나간다.
- 뭔가를 함께 계획한다.

과제

- 무엇에 시간을 투자했을 때 관계가 돈독해졌는가?
- 관계를 형성할 때 내가 가장 두려워하는 것은?
- 어떻게 하면 그 두려움을 신뢰로 바꿀 수 있을까?

관계를 명확히 분류하라

평생 몇 명의 친구를 사귈 수 있을까? 온라인으로 설문 조사를 해 보았더니 두 명부터 10억 명까지 다양한 대답이 나왔다! 여러분의 대답도 아마 그 사이에 있을 것이다. 대답이 이토록 다양한 이유는 응답자들이 자신의 인간관계를 정의하고 분류하는 데 어려움을 느끼기 때문일 것이다. 여러분이 맺고 있는 관계를 명확하게 분류할 수 있는 정의를 소개한다.

- **지인** : 가볍게 알고 지내는 사람들(이웃, 학교, 헬스클럽, 직장 등에서 알게 된 사람들, 온라인 친구, 세탁소 주인이나 도서관 사서 같은 서비스업 종사자 등)
- **가족과 친구** : 확대 가족(부모, 시댁 식구, 형제, 자매, 친척)
- **직계 가족** : 남편이나 육아 파트너, 아이들

모든 사람이 반드시 이 세 카테고리 중 하나에 해당하는 건 아니다. 때로는 한 카테고리에서 다른 카테고리로 이동하기도 한다. 나는 대학교 화학 강의 첫째 주에 남편인 브루스를 처음 만났다. 그때 그는 단순한 지인일 뿐이었다. 둘째 주에 그는 갑자기 나의 친구가 되었고 지금은 20년 넘게 나의 직계 가족에 속해 있다.

엄마가 되면 인간관계에 변화가 생긴다. 생활이 바뀌면서 기존의 친구들과 멀어지기도 하고 단순한 지인이었던 사람이 아기 엄마라는 이유로 친구가 되기도 한다. 앞에서 이야기한 것처럼 아이 때문에 새롭게 만나게 되는 사람들도 있다. 때로는 베이비시터기 가족들과의 관계에 따라 세 개의 카테고리 사이를 오가기도 한다.

아이를 기우는 동안에는 인간관계를 형성하는 일을 제일 나중으로 미뤄 놓기 쉽다. 우리는 우리 주변의 사람들로부터 다양한 종류의 도움을 받을 수 있다. 하지만 2002년의 조사 결과 53%의 부모가 그러한 관계를 활용하지 않는 것으로 나타났다. 이 결과에 나는 놀라고 또 슬펐다. 나와 관계를 맺고 있는 사람들은 내게 실용적인 도움을 줄 뿐 아니라 소속감과 안정감, 자

존심을 높여준다. 여러분은 다른 사람들로부터 도움을 받는 47%에 속해 있길 바란다.

- 여러분 주변에서 143페이지에서 분류한 세 가지 카테고리에 포함되는 사람들을 적어보라.

- 여러분이 도움을 받을 수 있는 사람들을 적어보라.

- 위의 두 목록 사이에 차이가 있는가?

[복 습]

〈여러분이 맺는 인간관계는 여러분의 가족을 지원해줄 수 있는 네트워크가 된다.〉

- 좋은 육아 모임에 참여하면 외로움에서 벗어날 수 있다.

- 관계를 발전시키는 데는 시간과 신뢰가 꼭 필요하다.

- 우리의 인간관계는 직계 가족, 확대 가족과 친구들, 지인 등 세 종류로 분류된다.

2. 도움이 되는 인연은 노력해서 얻는 것이다

온종일 끊임없이 사람들을 만나면서도 혼자인 듯한 기분을 느껴본 적 있는
가? 공원에서 모르는 사람들과 조깅을 하고, 끊임없이 울리는 휴대폰을 들
여다보고, 현금 인출기 앞에서 줄을 서고, 어린 자녀와 온종일 시시콜콜한
대화를 나눈 후에도 우리는 문득 외로움을 느낀다. 그렇게 많은 일을 하면
서 정작 인간에 대해서는 잊고 살기 때문이다. 더 중요한 다른 일들을 다 끝
낸 뒤에 인간관계를 맺으려 한다면 그때는 너무 늦다. 다른 사람들 역시 기
꺼이 여러분과 관계를 맺고 친해지고 싶어 할 것이다.

이웃과 친해져라

누구나 이웃과 친하게 지내야 한다. 기댈 수 있는 누군가가 언제 필
요해질지 모른다.
    – 2009년 홍수 후 파고에 사는 한 주민이 블로그에 올린 글

직계 가족 외에 우리와 가까운 곳에 사는 사람들을 의외로 잘 모르고 있을
수도 있다. 사실 대부분 그렇다. 매사추세츠주 헬리팩스의 한 신문에서 '당
신은 이웃을 얼마나 잘 아는가'라는 질문으로 설문 조사를 했다. 그 결과
는 다음과 같다.

아주 잘 안다 : 0%

친한 편이다 : 42%

잘 모른다 : 41%

한 번도 만난 적이 없다 : 17%

이 결과에 놀랐는가? 여러분 이웃과의 관계는 어떠한가? 좋은 이웃은 택배를 대신 받아주고, 무슨 문제가 없는지 항상 신경 써주고, 눈보라가 친 뒤에는 삽이나 제설차를 빌려주고, 집 나간 개와 고양이를 찾아주기도 한다. 일상을 함께 분담할 수 있는 것이다. 옆집에서 일어나는 일보다 지구 반대편에서 일어나는 일을 더 잘 알고 지내는 세상에서 어떻게 하면 이웃과 친해질 수 있을까?

 **실제사례 – 울타리를 뛰어넘어라**

이웃과 친하게 지내고 싶다는 생각은 있었지만 기대가 너무 커 오히려 사이가 나빠질까 봐 겁이 났다. 나는 뭐든 완벽해야 한다는 생각에 사로잡혀 있었다. '아무 준비도 못 했는데 갑자기 우리 집에서 모임이라도 갖게 되면 어쩌지?' 생각만 해도 겁이 났다.
다행히 내 이웃에도 같은 두려움을 느끼는 사람들이 있었다. 우리는 '기대라는 이름의 괴물'을 이겨내기 위해 뜻을 모았다. 한 집에서 저녁을 같이 먹자는 얘기가 나오면 우리는 시간을 정한 뒤 무작정 그 집을 찾아간다. 그리고 다음과 같은 기본 규칙도 정해 놓았다.
- 돈을 쓰지 않는다. 냉장고를 뒤져 원래 있던 음식과 음료를 가지고

간다.

- 손님용 식기를 쓰지 않는다. 예쁜 그릇과 화려한 냅킨은 그냥 집에 둔다.
- 손님들이 오기 전에 아이들을 치장시키지 않는다.

우리는 새로운 이웃들과 친해지기 위해 또 다른 방법을 생각해냈다. 잔돈을 잔뜩 준비하고 종이컵에 레모네이드를 담은 뒤 아이들을 시켜 지나가는 차와 행인들 앞에서 '레모네이드 판매'라고 쓴 종이를 흔들게 했다. 이 레모네이드 가판을 통해 훌륭한 가족들을 많이 만날 수 있었다. 물론 수제 쿠키나 브라우니 등으로 손님을 모아도 상관없다.

또 우리 집 앞마당도 자주 활용한다. 놀이 기구를 장만해서 마당에 설치해 놓으면 아이들이 끝없이 달려올 것이다. 집 앞에 접이식 의자를 놓아 어른들의 쉼터를 만들 수도 있다.

여러분도 우리와 같은 시도를 해보라. 그냥 울타리를 넘기만 하면 된다. 핫도그와 빵과 과자를 들고 한 집에 모여보자. 기대를 낮추고 비용을 줄이면 여러분의 이웃들과 친해지는 즐거움을 느끼게 될 것이다.

이웃과 만나는 간단한 방법들

- 현관에 의자를 놓고 앉는다.

- 주민 모임에 참석한다.

- 동네를 산책한다.

- 야외 활동을 한다.

- 이웃집에 쿠키를 나눠준다.

- 설탕을 빌리러 간다.

 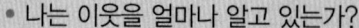

엄마들과의 유대는 필수다

모임 내의 다른 엄마들도 나와 같은 생각일 것이다. 우리는 모두 다른 엄마들과 함께할 수 있는 모임을 원했다. 소속감을 느끼고 싶었던 것이다. 내게는 아이를 키우는 친구가 없었기 때문에 처음 모임에 왔을 때 말로 표현할 수 없는 편안함과 안정감을 느꼈다. 더 좋은 엄마가 될 방법을 찾았다는 생각이 들었다. 지난 3년간의 만족도는 100%라고 할 수 있다!

– MOPS 설문 조사의 응답 내용 중에서

내가 내린 가장 잘한 결정 중 하나는 엄마들 모임에 참여하라는 한 친구의 제안을 받아들인 것이었다. 처음에는 거절했다. 엄마들끼리 둘러앉아 집안일이나 배변 훈련, 유기농 이유식 등에 대한 이야기를 나누는 것이 지루한 일로 여겨졌기 때문이다. 물론 이런 화제도 자주 등장하지만 (나도 새로운 것을 많이 알게 됐다!) 엄마들의 모임이 단지 그런 것만은 아니다. 우리는 돌아가며 아이를 봐주고 아기용품을 공유하고 비판 없이 서로의 얘기를 들어준다. 우리 자신과 육아에 대한 새로운 사실들을 배우고 함께 울고 웃으며 계속 새로운 회원들을 받아들였다. 그중 몇 명과는 아주 가까운 친구가 되기도 했다.

육아 모임이든 놀이 모임이든 운동 강좌든 북클럽이든 간에 어떤 모임에 참여하게 되면 새로운 사람들을 만날 수 있고 새로운 아이디어와 활동을 경험할 수 있다. 물론 휴식과 즐거움도 얻을 수 있다.

 엄마들의 통계

〈나는 엄마들의 모임에 참여하고 있다.〉
• 그렇다 : 87%
• 아니다 : 13%

모르는 사람들을 잔뜩 만나야 한다는 생각에 겁을 먹고 있는가? 다른 엄마들도 비슷한 두려움을 느낀다는 사실을 안다면 마음이 놓일 것이다. 가만히 서서 누군가 말을 걸어오기만을 기다리지 마라. 다들 여러분과 똑같이 겁을 먹고 있다. 자기소개를 하고 공동의 관심사를 찾아 대화를 나눠 보자.

여러분의 관심사와 생각에 맞는 모임을 찾아보라. 리사 버그렌*Lisa Bergren*은 자신의 저서인《엄마 행성에서의 삶*Life on Planet Mom*》에서 모임을 선택할 때 고려해 볼 만한 여러 가지 요소를 소개한다.

- 정서적 건강
- 사회적 유대
- 신앙
- 결혼 생활
- 우정

- 정신적 성장
- 건강/운동
- 정치
- 가족의 생활

엄마들은 모임에 참여함으로써 외로움에서 벗어나 유대감과 안정감을 느낄 수 있다. 함께 이야기하고 어울리며 도움이 필요할 때 연락할 수 있는 엄마들을 찾아라. 마음에 드는 모임을 발견했을 때는 다른 엄마들도 초대하라. 여러분과 여러분의 아이들 모두에게 도움이 될 것이다.

새로 알게 된 이웃이 나를 모임에 초대했다. 이사를 온 뒤 나에겐 친한 사람들로 이루어진 네트워크가 절실하게 필요했다. 모임에 참여하면서 나는 많은 친구를 얻게 되었고 얼마 후 모임의 리더가 되었다. (이건 예상치 못했던 일이다!). 학교 운동장에 혼자 외롭게 앉아있던 내가 이제는 낙천적이고 때로는 약삭빠른 지도자가 된 것이다. 요즘은 즐거운 마음으로 다른 엄마들에게도 참여를 권하고 있다.
– MOPS 설문 조사의 응답 내용 중에서

과제

- 내가 엄마들의 모임에서 가장 얻고 싶은 것은 무엇인가?
- 모임에 초대하고 싶은 엄마는 누구인가?
- 내가 가장 가입하고 싶은 모임은 어떤 모임인가?

매일 전쟁을 벌이는 엄마들

모임에 함께 참여하는 엄마들 간에 의견이 항상 일치하는 것은 아니다. 엄마들의 모임보다 더 다양한 의견이 오가는 장소가 있다면 그곳은 아마 인터넷뿐일 것이다. 그러한 의견 차이를 어떻게 조율하느냐에 따라 모임이 유지될 수도 있고 와해될 수도 있다. 1980년대 후반 〈차일드 ^{Child}〉지에서 일하는 엄마들과 전업 주부인 엄마들 사이의 갈등을 묘사하기 위해 사용했던 '엄마들의 전쟁'이라는 용어는 이제 엄마들 간의 다양한 차이를 나타내는 말로 그 의미가 확장되었다.

모유를 먹일 것인가, 분유를 먹일 것인가? 천 기저귀를 쓸 것인가, 일회용 기저귀를 쓸 것인가? 유아용 침대에 따로 재울 것인가, 가족들과 함께 재울 것인가? 홈스쿨링을 선택할 것인가, 유치원을 선택할 것인가? 백신은 필요한가, 필요하지 않은가? 아기띠를 사용할 것인가, 흔들그네를 사용할 것인가? 왜 얌전하던 엄마들이 육아와 관련된 의견 차이 때문에 서로 으르렁대며 싸우게 되는 것일까? 두 아이의 엄마인 몰리 지글러 헤밍웨이 $^{Molie\ Ziegler\ Hemingway}$는 최근 쓴 글에서 이 문제를 이렇게 설명한다. "이러한 흥분의 원인은 대부분 육아의 소모적인 특성 때문이다. 잠이 부족하고 항상 피곤한 엄마들이 지나치게 육아에 집중하다가 결국 미친 듯이 싸우는 것이 아무렇지도 않은 상태까지 도달하는 것이다. 대부분의 분노에는 나와 다른 결정을 내린 상대가 내 선택을 비난할지도 모른다는 두려움이 반영되어 있다."

이것이야말로 정곡을 찌르는 의견 아닌가? 우리의 전투적인 태도에는 인간관계에 대한 또 다른 두려움이 깔려 있는 것이다. 만약 우리가 자신의 아이에게 딱 맞는 엄마로 태어났다면 육아 방식도 독창적으로 개발해야 하는 게 아닐까? 사실 모든 엄마가 지켜야 할 건강과 안전의 기준이 존재하긴 하지만 선택의 여지는 언제나 다양하다. 헤밍웨이는 자신의 글을 이렇게 마무리한다. "우리가 직장 동료의 사무실 배치를 내 마음대로 바꾸거나 컴퓨터 설정을 건드릴 수 없듯이 다른 가정도 각자 최선의 선택을 하고 있다는 것을 인정해야 한다." '엄마들의 전쟁'이라는 용어가 나온 지 거의 30년이 지났다. 이제는 그 전쟁을 끝내야 할 때가 온 것이 아닐까? 육아에 대한 우리 자신의 선택을 인정하고 다른 엄마들에게도 그렇게 하자.

온라인 육아 모임

페이스북^{Facebook}, 트위터^{Twitter}, 유튜브^{YouTube}, 육아 블로그, 게시판 등을 통해 다른 엄마들과 관계를 맺을 수 있다. 직접 만나는 모임과 비교해 볼 때 각각 장단점이 있다. 둘 다 경험해 보고 좋은 점만 받아들이자.

장점	• 시간에 구애받지 않고 조언과 정보를 얻을 수 있다.
	• 친구를 사귀기가 쉽다.
	• 다양한 여성을 만날 수 있다.
	• 특정한 관심사와 필요에 맞는 모임을 찾기가 쉽다.
	• 아이가 잠을 자거나 아플 때에도 대화를 나눌 수 있다.

단점	• 의견을 잘못 전달하기 쉽다.
	• 상대가 누구인지 잘 모른다.
	• 시간을 낭비하기 쉽다.
	• 대화에 바디랭귀지를 활용할 수 없다.
	• 누군가에게 기대어 울고 싶거나 포옹을 받고 싶을 때는 전혀 도움이 되지 않는다.

 **실제사례 - 얘기를 할 것인가, 말 것인가?**

생후 18개월 된 내 딸 글로리가 함께 놀던 다른 아이 쪽으로 걸어가 그 아이가 쥐고 있던 노란색 블록을 빼앗으려고 했다. 상대 아이는 그것을 꽉 움켜쥔 채 글로리를 밀어내며 '내 거야'라고 말했다.

그 아이의 엄마인 사라와 나는 이 광경을 동시에 보았다. 우리는 이제 막 친해지기 시작한 단계였다.

"리지." 사라가 딸에게 달려가 어깨에 손을 올리며 말했다. "친구랑 같이 갖고 놀아야지. 글로리한테 이 블록 줄래?" 아이는 단호하게 고개를 흔들며 블록을 가슴에 꼭 끌어안았다.

"괜찮아요." 내가 끼어들었다. "친구 걸 빼앗으면 안 되죠."

"그래도 같이 나누는 걸 가르쳐야죠." 사라가 말했다.

나는 잠시 고민하다 내 생각을 솔직하게 말하는 것이 중요하다는 결론을 내렸다. 내 육아 방식에 자신감을 느끼기 시작하던 무렵이었다. 사라가 어떻게 반응할지는 몰랐지만 어쨌든 얘기를 해야 한다고 생각했다. "나누는 것도 중요하지만 우리 애한테는 참고 기다리는 법을 가르쳐 주고 싶어요. 그냥 무작정 남의 걸 빼앗으려고 하면 안 되죠."

사라는 어색하게 웃었고 우리는 더 이상 그 얘기를 하지 않았다. 사라는 그다음부터 리지에게 블록을 주라고 강요하지 않지만, 나는 혹시 화가 난 건 아닐까 걱정이 되었다.

– 조이, 두 아이의 엄마

목소리

〈내가 다른 엄마들과 가장 큰 갈등을 겪었던 주제는 어떤 것이었는가?〉

- 부활절 토끼나 산타클로스처럼 실제로 존재하지 않는 것들을 어떻게 가르쳐야 할 것인가. – *크리스틴, 네 아이의 엄마*

- 배변 훈련! – *팸, 세 아이의 엄마*

- 우리가 홈스쿨링을 하고 있다는 사실 – *메간, 네 아이의 엄마*

- ADHD^{주의력 결핍 과잉 행동 장애–옮긴이}가 있는 내 아이에게 약을 먹여야 할 것인가, 말 것인가. – *에이미, 두 아이의 엄마*

- 아이가 2개 국어를 사용하게 하는 문제 – *안자, 두 아이의 엄마*

최고의 서비스를 받는 비결은 인간관계에 있다

나는 아직도 내 첫째 딸의 신발을 사는 걸 도와주던 키 크고 옷차림이 말쑥한 판매원을 기억하고 있다. 우리 딸은 발이 크고 발볼이 좁으며 발등이 높은 편이었다. 또 발이 너무 빨리 자라서 신발 값을 대는 일이 빠듯할 정도였다. 우리 아이에게 맞는 사이즈를 찾기 위해 처음 그 매장을 방문했을 때 판매원은 딸이 제일 좋아하는 색깔과 내가 원하는 가격 범위를 물어보았고 나도 그의 이름과 근무 시간을 기억해 두었다. 아마 수첩에 우리의 정보를 적어 두었겠지만 그래도 그 후 갈 때마다 우리 이름을 기억해주고 우리가 좋아하는 특정 브랜드의 세일 정보를 전화로 알려줄 때면 정말 고마웠다.

서비스 제공자들은 엄마들에게 여러 가지 실용적인 도움을 주며 아이들의 직업관에도 영향을 미친다. 그중 몇몇은 한두 번 마주치고 끝이지만 어떤 이들은 장기간에 걸쳐 지속적으로 만나게 된다. 유치원이나 탁아소 선생님처럼 거의 매일 보게 되는 사람들도 있다. 더 친밀하고 자주 만나는 사람일수록 긍정적이고 지속적인 관계를 유지하는 것이 중요하다. 다행히 보통은 상식과 예의만 갖추면 이런 관계를 맺을 수 있다.

서로를 잘 알아라. 소아과 의사를 만나든 유치원 교사를 만나든 상대에 대해 잘 아는 것이 성공적인 관계의 기본이다. 서비스를 제공하는 이의 이름과 이력, 경험 등 가능한 한 많은 개인적 정보를 알아 둬라. 나는 내 아들을 봐주는 소아과 의사가 교회에서 10대들을 가르치고 있으며 골동품 자동차와 스키를 좋아하고 텍사스 대학에서 인턴과 레지던트 생활을 했다는 것을 알고 있다. 그 의사 또한 내 아들의 의학적 정보 외에도 아들이 빠른 차를 좋아하고 수학을 어려워하며 해군이 되고 싶어 한다는 것을 알고 있다. 서로를 잘 아는 것은 관계의 질을 향상시켜 주며 내 아이가 최고의 서비스를 받을 수 있게 해 준다.

가치관과 의견을 공유하라. 되도록 자주 육아에 대한 여러분의 가치관과 의견을 나눌 수 있는 사람들을 선택하라. 내 친구 중 하나는 임상 간호사가 동종요법을 안 좋게 본다는 사실을 알고 다른 사람으로 바꾸었다. 아이가 울면 그냥 둬야 한다고 생각하는 베이비시터라면 아이와의 애착을 중요하게 여기는 엄마와 좋은 파트너가 될 수 없다. 여러분과 생각이 완전히 똑같은 사람을 구할 수는 없겠지만 가장 중요하게 생각하는 분야에서 서로 의견이 일치하는 사람을 찾아라.

원하는 것을 분명히 하라. 특히 육아 도우미를 둘 경우 고용 전에 여러분이 원하는 것을 분명히 해 둬야 한다. 일정과 의사소통 방법, 육아 철학, 식사, 급료 등의 여러 가지 요소를 미리 알려줘라. 여러분이 원하는 것만 설명하지 말고 지원자가 원하는 것도 물어봐야 한다.

존중하라. 그 사람의 시간과 기술, 서비스 정신을 존중하라. 당신이 어떤 서비스 제공자를 선택했다면 그가 적절한 기술과 전문 지식을 가지고 있으며 그것에 기초한 의견과 조언, 서비스를 제공해 줄 수 있음을 인정해야 한다. 인터넷과 같은 광대한 정보원은 아닐지라도 자신의 전문 분야에서만큼은 여러분의 아이에게 딱 맞는 도움을 줄 수 있을 것이다.

정기적으로 대화하라. 서로의 감정이나 건강에 관한 정보를 공유하라. 여러분의 가족이나 아이에게 변화가 있을 경우 그것을 알려라. 서비스 제공자의 상황을 물어보라. 특히 집에 와서 일을 해주는 사람이라면 대화를 더자주 해야 한다. 문제가 생기면 차분하고 직접적으로 이야기하라.

감사를 표시하라. 진심을 담은 감사의 말, 생일 카드, 적절한 명절 선물 같은 것으로 좋은 서비스에 대한 감사를 표하라. 괜찮다면 다른 친구들에게 추천해도 좋다. 새로운 고객을 소개해준다면 누구나 고마워할 것이다.

급료는 잊지 말고 지불하라. 여러분이 경제적으로 힘들다고 그들까지 힘들게 해서는 안 된다. 급료 지불이 늦을 것 같으면 되도록 빨리 알려 주고 늦어진 이유에 대해 변명하지 마라.

- 내 아이의 삶에 가장 많이 관여하고 있는 서비스 제공자는 누구인가?
- 어떻게 하면 아이의 삶에 도움이 되는 관계를 만들어 갈 수 있을까?

〈지인들은 여러분의 가족에게 도움을 주고 소속감을 느끼게 해 줄 수 있다.〉

• 이웃과 친하게 지내라.

• 엄마들의 모임은 외로움의 해독제가 되어줄 수 있다.

• 다른 엄마의 육아 방식을 존중하고 싸움을 피하라.

• 서비스 제공자와 좋은 관계를 유지하면 아이가 받는 서비스의 질이 향상
  된다.

3. 친구와 가족은 축복이다

우정은 평생의 재산이다

설문 조사 결과 약 75%의 엄마들이 아이가 생긴 후 친구 관계에 변화가 생겼다고 털어놓았다. 우리의 몸과 뇌와 생활이 모두 새로 태어난 아기를 중심으로 돌아가기 시작하면서 우리는 '정말? 나도 그래!'라고 대답해줄 수 있는 친구를 찾게 된다. 비슷한 시기에 아이를 가진 친구가 아니라면 그러한 역할을 해줄 수가 없다. 더 이상 그들과 친구가 될 수 없다는 뜻이 아니라 친구 관계가 좀 더 넓어져야 한다는 뜻이다.

엄마들의 블로그에 올라온 글들을 살펴보면 그저 웃으며 인사를 나누는 사이를 넘어 깊은 우정을 나눌 친구를 찾는다는 게 쉽지 않은 일임을 알 수 있다. 잘 생각해 보면 지금 이 시기가 우리 모두 한 번은 지나왔던 인생의 한 시기와 비슷하다는 것을 알게 된다. 다음에서 연상되는 시기를 말해 보라. 더 큰 사이즈의 브래지어를 사고 호르몬 분비가 왕성해진다. 새로운 사회에 발을 내딛게 되고 그곳에서는 모두가 똘똘 뭉쳐 있는 것처럼 보인다. 그리고 서로의 겉모습을 살피며 이렇게 생각한다. "와, 에르고 유모차를 끌고 다니네. 기저귀 가방도 귀엽다." 그렇다. 중학교 시절이 다시 돌아온 것이다.

다행히 다들 그때보다는 인간관계의 기술을 몇 가지쯤 더 습득했을 것이다. 친구 사귀는 문제에 관해 한 엄마는 이런 글을 올렸다. "나는 비로소 엄마들과 함께 있을 때 자꾸 비판하려는 입을 단단히 봉하고 서로의 공통점에만 초점을 맞추는 법을 배우게 되었다." 현명한 조언이라고 할 수 있겠다.

누군가에게 처음 다가가는 것은 어려운 일이지만 시도해 볼 만한 가치가 있다. "안녕하세요, 저는 미셸이고 우리 아이는 토비예요. 아이가 귀엽네요. 몇 살이에요?" 어떤 엄마들은 명함을 만들어 새로운 사람을 만났을 때 나눠 주기도 한다. (온라인에서 저렴한 가격에 명함을 인쇄할 수 있는 사이트를 찾을 수 있다.) 너무 유난을 떠는 것처럼 보일까 봐 걱정되는가? 전혀 그럴 필요 없다. 상대도 껌 종이나 아기용 티슈에 크레용으로 전화번호를 적어 주는 것보다는 훨씬 더 좋아할 것이다. 친구를 찾는 엄마들에게는 그런 구겨진 종이 한 장도 소중하겠지만 말이다.

중학교 시절을 지나 봐서 알겠지만 친구와 관계를 맺는 데에는 시간이 필요하다. 《빨간 머리 앤》의 주인공인 앤이 말하는 "가슴 속의 친구, 마음의 친구, 내 영혼의 가장 깊숙한 곳을 보여줄 수 있는 가족 같은 사람"을 커피 한 잔 같이 마시면서 알아볼 수는 없는 것이다. 다들 다음의 문장을 큰 소리로 읽어 보자. "우정에는 시간이 걸린다." 운동이나 자원 봉사 등을 함께 하면 반복적으로 만날 기회가 생긴다. 생각만큼 친해질 수 없다고 해도 그 활동 자체만으로 보람을 느낄 수 있을 것이다.

나는 자원 봉사를 통해 가장 친한 친구 몇 명을 만났다. 공통의 목표를 향해 함께 나아가고 내가 아닌 남을 위해 노력하는 일은 사람들을 하나로 묶어 준다. 특히 정기적으로 자원 봉사를 함께할 때 그런 하나 됨을 느낄 수 있다.

단순한 교제를 넘어 깊은 우정을 나누게 될 경우 건강에도 도움이 된다고
한다.

- 소속감과 목표 의식이 높아진다.
- 행복감이 높아진다.
- 스트레스가 줄어든다.
- 자존감이 높아진다.
- 심각한 정신 질환에 걸릴 위험이 줄어든다.
- 이혼이나 질병, 실직, 사랑하는 사람의 죽음과 같은 상처를 이겨
  낼 수 있도록 도와준다.
- 과도한 음주나 운동 부족과 같은 불건전한 생활 습관을 바꿀 수
  있게 해 준다.

캐롤 래드*Karol Ladd*와 테리 앤 켈리*Terry Ann Kelly*는 자신들의 저서《긍정적인 친
구의 힘*The Power of a Positive Friend*》에서 여자 친구들의 우정에 관한 한 독자의 이
메일 내용을 공개했다.

어느 뜨거운 여름날 나무 아래 앉아서 아이스티를 마시면서 시누이와 이야
기를 나누고 있었어요. 시누이는 나보다 나이는 어리지만 이미 세 아이의
엄마인지라 경험이 많고 현명해 보였죠. "여자 친구들을 좀 사귀어요." 시
누이가 컵 속의 얼음을 딸각거리며 충고하더군요. "여자 친구들이 필요해

질 거예요. 같이 어디든 가고 뭐라도 해요."

'뭐 저런 충고를 하지?' 난 이렇게 생각했어요. 난 이제 결혼까지 한 어른이 잖아요? 여자 친구들하고 어울려 다닐 소녀가 아니란 말이죠. 하지만 나는 시누이의 말을 귀담아듣고 친구들을 사귀기로 했어요. 그리고 한 해 두 해 가 지나면서 시누이가 했던 말의 의미를 알게 되었죠. 내가 여자 친구들에 대해 깨닫게 된 사실들을 한번 적어 봤어요.

- 여자 친구들은 내가 아플 때 먹을 것을 갖다주고 욕실 청소를 해준다.
- 여자 친구들은 내 아이를 대신 봐주고 내 비밀을 지켜준다.
- 여자 친구들은 항상 내가 옳다고 말하기보다는 솔직한 의견을 말해준다.
- 여자 친구들은 내 의견에 동의하지 않을 때조차 나를 사랑한다.
- 여자 친구들은 나와 함께 웃어준다. 분위기를 띄우기 위해 뻔한 농담을 던질 필요가 없다.
- 여자 친구들은 나를 곤란한 상황에서 구해준다.
- 여자 친구들은 내가 힘들 때 즉시 찾아와 진심으로 내 곁에 있어준다.
- 여자 친구들은 내가 실직을 했거나 남편과 헤어졌을 때 내 얘기를 들어준다.
- 여자 친구들은 내 인생의 축복이다. 젊은 시절에는 우리를 기다리

고 있는 기쁨이나 슬픔에 대해 알지 못했고 또 우리가 서로에게 얼마나 필요한 존재인지도 알지 못했지만.

 엄마들의 통계

〈친한 친구가 몇 명이나 있는가?〉
- 0명 : 4%
- 1명 : 7%
- 2~3명 : 56%
- 4~5명 : 20%
- 5명 이상 : 13%

- 우정은 내 삶의 질을 어떤 식으로 향상시켰는가?
- 친구가 몇 명이나 필요하다고 생각하는가?
- 더 많은 친구를 사귀고 싶은 생각이 있다면 어떤 친구를 원하는가?

멘토

조사 결과 약 36%의 엄마가 멘토가 있다고 대답했다. 엄마들의 세계에서 멘토란 보통 육아 경험이 훨씬 더 많은 엄마를 의미한다. 멘토는 조언을 해주고 이야기를 들어주며 격려해주고 지혜를 나눠준다. 내 생각에 멘토들이 나에게 해준 가장 좋은 일은 나와 내 가족을 위해 기도해준 것이다. 훌륭한 멘토들은 자신들의 장점과 단점을 터놓고 얘기한다. 때로는 어머니나 시어머니, 자매가 이 역할을 해 주기도 한다. 만약 그렇지 않다면 (또는 그렇다고 해도) 여러분과 잘 맞는 다른 누군가를 찾아보라. 솔직하고 유머가 있는 사람이 좋다. 이런 사람을 만나게 되면 용기 있게 멘토가 되어 달라고 부탁하라. 또 하나 기억해야 할 것. 여러분이 아이를 키우다 보면 초보 엄마 중의 누군가가 여러분에게 멘토가 되어 달라고 부탁할지도 모른다. 그때는 흔쾌히 승낙하라.

가족은 가장 어려운 존재다

우리 첫째 아이는 친정과 시댁 두 곳 모두 '처음 얻은 손자'이자 시조부모님께는 '처음 얻은 증손자'이기도 하다. 당연히 어느 쪽 집을 가든 대환영을 받았다. 처음 문제가 발생한 건 아기를 낳고 처음 맞는 크리스마스 무렵이었다. 내 남편인 브루스의 가족 관계는 좀 복잡한 편이다. 남편의 부모님이 이혼하신 후 남편이 세 살 때 두 분 다 재혼을 하셨다. 우리가 결혼할 무렵 브루스의 친어머니와 양아버지가 돌아가셨고, 그 후 친아버지와 양어머니, 그리고 나머지 가족들 간의 관계는 매우 불편해졌다. 우리 가족은 남편의 친할머니와 외할머니 두 분과 모두 가깝게 지냈다. 남편에 비해 안정적인 가정에서 자란 나는 불편한 관계를 건드리지 않기 위해 애쓰는 일에 익숙하지 않았고 크리스마스 만찬을 여러 곳에서 해야 하는 것도 무척 힘들었다.

두 시조모님의 집을 연달아 방문하면서 나는 신경이 날카로워졌고 가족의 단란함 같은 건 이미 뒷전이었다. 끔찍한 크리스마스였다.

우리 어머니는 다음해에 명절 일정을 좀 융통성 있게 잡으라고 충고해 주셨다. 작년에 어땠는지 기억하고 계셨던 어머니는 시댁 쪽과 뭔가 타협점을 찾아보는 게 어떻겠냐고 말씀하셨다. 나는 그때 어머니의 충고를 귀담아들었어야 했다. 하지만 나는 초보 엄마답게 혼자 모든 걸 해결할 수 있다는 자신감에 가득 차 있었고 결국 두 번째 크리스마스에도 두 집을 다 돌았다. 그 해 크리스마스 역시 끔찍했다.

세 번째 크리스마스가 다가오자 나는 어머니의 충고를 다시 생각해 보게 되었다. 그리고 우리 집으로 친척분들을 모두 초대하기로 결심했다. 음식은 각자 조금씩 준비해 오는 방식으로 했다. 그제야 크리스마스가 다시 즐거운 명절이 되었다.

아이가 생긴 후 가족들 간의 문제로 고민하게 되는 일이 단지 명절 때에만 국한된 것은 아니다. 원치 않는 조언과 의견 차이에 대처할 줄 알아야 하고 아이의 생활 습관에 해가 될 수 있는 가족 구성원에 대해서도 적절한 해결책을 찾아야 한다. 내가 아는 한 엄마는 알코올 중독인 아버지 때문에 걱정이 많았다. 아이에게 할아버지와 함께 차에 타면 안 된다는 사실을 어떻게 설명해야 할까? 친정어머니와 시어머니가 경쟁적으로 아이에게 비싼 선물을 주려고 한다면?

중요한 것은 사랑이다. 아무리 힘든 일들을 겪게 되더라도 가족들이 주는 사랑은 측정할 수 없는 가치를 지닌다. 사랑은 여러 가지 방식으로 표현할 수 있다. 내 시누이는 세심하게 고른 선물과 직접 만든 카드로 사랑을 표현한다. 우리 아이들은 우리 친정 부모님의 결혼기념일을 위해 몇 주 동안 사진첩을 만들었다. 부모님이 아이들을 데리고 여러 곳에 다녔기 때문에 아이들이 외할아버지와 외할머니의 사진을 많이 갖고 있었던 것이다. 우리 부모님은 그런 식으로 사랑을 표현한다. 결혼하면서 새로 생긴 가족과 원래 여러분의 가족 모두 아이들에게는 풍부한 사랑의 원천이 되어 준다. 어떤 가족이든 문제가 있기 마련이므로 그것을 해결하는 데 시간과 노력을 들일 가치가 있다. 우리는 어떤 노력을 해야 할까?

- 현실적인 기대치를 설정하라. 여러분의 가족은 여러분이 쓴 대사를 그대로 읊는 배우가 아니다. 그들에게도 여러분과 마찬가지로 장점과 단점이 있고 자신들만의 대본이 있다.
- 여러분에게 뭐가 필요한지를 알고 중요도에 따라 우선순위를 정하라. 그리고 그것을 확고하면서도 부드럽게 설명하라.
- 좋은 면을 보라. 완벽한 가족은 없다.
- 의견에 동의할 수 없을 때에도 존중하라.
- 가족의 민감한 부분을 알아두고 가능한 한 언급하지 마라.
- 유머 감각을 잃지 마라.
- 용서하라.
- 사랑하라. 여러분의 마음과 집 현관문을 항상 열어둬라.

실제사례 – **시부모님과의 관계**

"찰스, 시부모님이 왔다가 가시면 나 너무 피곤해. 우릴 도와주려고 오시는 건 알겠는데, 뭐든 같이하려고 하시잖아. 나도 바쁘고 그분들도 힘들어지고. 우리 끼리 밤에 외출 한 번 할 수가 없잖아." 나는 남편에게 불평했다.

"알아. 미안해. 하지만 좋은 의도로 그러시는 거잖아. 좀 더 솔직하게 말씀드려 봐. 아버지, 어머니가 당신 마음을 어떻게 알겠어. 다음에 부모님 와 계실 때 우리끼리 데이트하고 싶은 날을 일정표에 적어서 보여 드리자. 이해하실 거야. 솔직하게 말씀드리기만 하면 돼." 찰스는 좋게 설명하려고 노력했지만 나는 우리 친정 부모님과는 너무 다른 시부모님과 친해지기가 무척 힘들었다.

친정 부모님은 우리가 불편해할까 봐 호텔 방을 잡으시는데 시부모님은 꼭 우리 집에서 주무시고 가신다. 방 세 개에 욕실 하나 딸린 34평짜리 집에서 말이다. 가족들은 항상 함께 지내야 한다고 믿는 분들이기 때문이다. 그분들이 불평 없이 아이들과 함께 바닥에서 담요를 덮고 주무시는 건 감사한 일이지만 사실 좀 지나치게 느껴지기도 한다.

친정어머니와 시어머니는 성격도 전혀 다르다. 우리 어머니는 무척 감정적이고 직관적이며 굳이 말하지 않아도 내가 원하는 것을 아신다. 내가 혼자서 책이나 읽고 싶다고 생각하면 어머니는 그걸 바로 알아차리신다. 시어머니는 그보다는 좀 더 부지런하시고 뭔가 해야 할 일이 생기면 바로 하는 스타일이시다.

친정 부모님과 시부모님 모두 우리 아이들을 무척 사랑하지만 아이들을 대하는 방식 자체는 무척 다르다. 예를 들어 우리 부모님은 아이들을 공원에 데리고 가 몇 시간씩 뛰어놀게 놔둔다. 반면 시부모님은 동물원에 데려간 뒤 함께 식사를 하는 등 좀 더 계획적으로 움직이신다. 물론 두 가지 방식 모두 우리 아이들을 사랑하고 친해지려는 노력이기 때문에 너무나 감사하고 있다.

오랫동안 나는 두 가족 간의 차이를 받아들이려고 애를 썼지만 아직도 가끔은 시부모님께 원하는 걸 솔직하게 말씀드리기가 어렵다. 마치 그분들께 해야 할 일을 지시하는 기분이기 때문이다. 요즘은 찰스와 내가 둘만의 시간을 보내고 싶을 때 그 시간과 날짜를 구체적으로 알려드린다. 사실 내게는 좀 거북한 일이지만 그래도 시부모님은 그걸 더 좋아하신다.

시댁 식구들이 우리 식구들과 똑같기를 기대하는 대신 나는 그분들의 방식을 존중하기로 했다. 분명히 그분들은 우리를 사랑하시고 나는 그게 좋으니까.

– 트레이시, 두 아이의 엄마

목소리

〈확대 가족과 좋은 관계를 맺기 위해 나는 어떻게 하는가?〉

- 끊임없이 초대한다. 우리집 문은 항상 열려 있고 아이들도 항상 그분들과 함께 어울린다. – *오거스타, 세 아이의 엄마*

- 시누이들과 서로 아이를 봐주기도 하고 언제든 도와주려고 애쓴다. 매달 돌아가면서 저녁 초대를 하기도 한다. – *잰, 세 아이의 엄마*

- 해외에 사는 친척들과 이메일이나 페이스북으로 자주 연락한다. – *켈리, 세 아이의 엄마*

- 가족의 블로그를 운영한다. – *바네사, 한 아이의 엄마*

- 아이들이 나와 떨어져 그분들과 함께 시간을 보낼 수 있도록 하고, 무슨 일이 있을 때 그분들에게 도움을 요청한다. – *사라, 두 아이의 엄마*

- 시댁의 문화와 전통에 함께 참여한다. – *이본느, 두 아이의 엄마*

- 엄마가 된 후 나의 인간관계는 어떻게 변화했는가?

- 내 확대 가족들은 어떤 식으로 사랑을 표현하는가?

- 아이들이 확대 가족들과 친해지게 하는 방법에는 어떤 것이 있을까?

해가 되는 관계도 있다

엄마들이 건전한 관계를 통해 다양한 사람과 교류하게 되면 가족들에게도 든든한 도움이 된다. 하지만 모든 관계가 건전하고 안전한 것은 아니다. 인간관계에서는 누구와 가까워지느냐의 문제만큼 누구를 멀리해야 하는가도 중요하다. 완벽한 사람은 없다. 다른 사람이 실수를 한다면 우리는 그를 용서해야 한다. 물론 우리도 같은 경우에 그렇게 용서받기를 원한다. 하지만 만약 어떤 사람이 계속해서 불건전하거나 위험한 행동을 보인다면 여러분의 인간관계 밖으로 내보낼 것을 고려해야 한다. (만약 그 사람이 가족이거나 심지어 여러분의 남편이라 해도 전문가의 도움을 통해 문제를 해결하도록 노력해야 한다.) 헨리 클라우드 박사와 존 타운젠드 박사는 위험한 사람들은 특정한 성격 특성을 보인다고 말한다. 만약 여러분 주변의 누군가가 지속적으로 다음과 같은 특성을 나타낸다면 주의해야 한다.

- 자신의 약점을 인정하지 않고 완벽하다고 생각한다.

- 신앙보다 교회를 더 중시한다.

- 상대의 반응에 방어적인 반응을 보인다.

- 겸손하지 못하고 독선적이다.

- 사과는 하지만 행동이 바뀌지 않는다.

- 문제를 해결하려 하지 않고 피하려고만 한다.

- 신뢰를 얻으려고 노력하지 않고 무조건 요구하기만 한다.

- 잘못을 인정하지 않는다.

- 책임을 지려 하지 않고 다른 사람 탓으로만 돌린다.

- 사실대로 말하지 않고 거짓말을 한다.

- 성장하지 못하고 정체되어 있다.

- 친밀한 소통을 피한다.

- '우리'보다는 '나'를 더 중시한다.

- 자유에 거부감을 보인다.

- 아첨을 늘어놓는다.

- 용서를 하지 않고 비난한다.

- 부모와 아이를 동등한 관계로 보지 않는다.

- 항상 불안정한 성향을 보인다.

- 우리에게 부정적인 영향을 미친다.

- 비밀을 지키지 못하고 소문을 퍼뜨린다.

과제

- 내 주변의 누군가가 지속적으로 위험한 특성을 보일 경우 건강한 관계를 유지하기 위해 어떤 행동을 해야 할까?

- 위의 특성 중에 나에게 해당하는 것이 있는가? 만약 그렇다면 어떻게 해야 더 좋은 친구가 될 수 있을까?

[복 습]

〈가까운 친구들과 확대 가족은 우리 가족에게 도움과 애정을 줄 수 있다.〉

- 엄마가 되면 친구 관계가 바뀐다.

- 우정에는 여러 가지 장점이 있다.

- 확대 가족과의 관계는 까다롭긴 하지만 아이들에게 풍부한 사랑을 경험하게 해준다.

- 여러분 주위의 누군가에게서 불건전한 특성이 발견되면 주의를 요한다.

4. 가까운 사람일수록 소홀하기 쉽다

엄마들의 인간관계에서 가장 중요한 사람은 함께 아이를 키우는 파트너이
다. 전통적으로 함께 육아를 책임지는 사람은 주로 남편이나 아이 아버지
였지만 싱글맘의 숫자가 증가하면서 이 역할을 다른 사람들이 맡는 경우도
많아지고 있다.(질병 관리 센터에 따르면 2007년에 태어난 아이 중 40%가
싱글맘 가정에서 태어났다고 한다.) 두 부모 밑에서 자라는 것이 여전히 아
이에게 가장 이상적인 환경이기는 하다. 이 책의 뒷부분에서는 건강한 결
혼 생활을 유지하는 법에 대해서도 알아볼 것이다. 하지만 연구 결과에 따
르면 결혼을 했든 싱글이든 훌륭한 육아 파트너가 있다면 건강하고 유연한
아이를 기르는 데 도움이 된다.

아이는 함께 키우는 것이다

여러분이 결혼을 했다면 육아 파트너는 남편일 확률이 가장 높다. 여러분
이 미혼이거나 여러분의 배우자가 어떤 사정이 있어 아이를 돌봐줄 수 없
을 경우 이 역할은 여러분이 믿고 함께 대화를 나눌 수 있으며 아이의 삶에
지속적으로 함께할 수 있는 다른 사람이 대신할 수 있다.

이혼을 했거나 결혼을 하지 않았다면 아이의 친아버지가 육아 파트너가 될
수 있다. 필요하다면 법적 합의를 통해 역할과 책임을 분담해야 한다. 또
다른 좋은 대안은 여러분의 어머니나 시어머니, 혹은 자매가 이 역할을 맡

는 것이다. 가까운 친척일 경우 지속적으로 아이의 삶에 관여할 수 있지만 대부, 대모나 오랜 친구 등도 파트너가 될 수 있다.

육아 파트너는 여러분의 얘기를 들어주거나 피곤할 때 쉬게 해 주는 등의 정서적인 지원뿐 아니라 아이를 키우면서 매일 해야 하는 일들에 실질적인 도움을 줄 수 있어야 한다. 정신적인 지원도 중요하다. 탁아소나 예방 접종 문제 등을 대신 조사해줄 수도 있다. 마지막으로 아이를 위해 기도해주거나 신앙의 모범이 되어주는 등 영적인 도움도 줄 수 있어야 한다.

전문가의 의견 : 좋은 인간관계를 유지하는 부모는 다음과 같은 특성을 보인다

- 성공적인 육아를 하고 있다고 느낀다.
- 부모로서의 어려움을 더 적게 느낀다.
- 직계 가족이나 확대 가족에게서 적극적으로 도움을 구한다.
- 육아의 의무를 자신감 있게 수행한다.
- 아이가 건강하게 자랄 수 있도록 지속적으로 노력한다.

 실제사례 – **전화 한 통만 하면 된다는 것**

> 고등학교를 졸업하자마자 나는 임신을 했다. 우리 어머니는 조금 당황하셨지만 결국 오셔서 출산을 함께 준비해 주셨다. 어머니도 아이를 일찍 가진 편이라 어린 내가 엄마로서의 역할에 적응하는 데 많은 도움을 주실 수 있었다. 그때 어머니가 안 계셨으면 어땠을지 상상이 안 간다.

처음 데보니를 낳았을 때 나는 정말 아무것도 몰랐다. 애가 애를 키우는 셈이었다. 데보니가 생후 일주일 정도 되었을 때 나는 아이를 무릎 위에 안고 기저귀를 갈아주고 있었다. 벌거벗은 아이는 웃으면서 발길질을 해댔는데, 갑자기 다리에 미지근한 액체가 흐르는 게 느껴졌다. "뭐야!" 나는 소리쳤다. 어머니도 옆에 앉아 계셨다. "애 좀 받아 봐, 엄마." 나는 재빨리 아이를 어머니에게 넘겨주었다. "더러워 죽겠네."

"자넬라, 애 응가했잖아. 기저귀 다시 채워줘." 어머니가 말했다. 하지만 나는 이미 화장실로 달려간 뒤였다. 뒤에서는 어머니의 웃음소리가 들렸다. 우리는 요즘도 그날 얘기를 하며 웃는다.

데보니가 두 살 때 어머니와 떨어져 살던 나는 조언을 듣고 싶은 일이 있어 전화를 했다. 어렸을 때 안 좋은 경험을 한 적이 있어서인지 데보니가 눈앞에서 보이지 않으면 도무지 견딜 수가 없었다. 하지만 아이는 우체통에 가서 우편물을 가져오는 등의 일을 혼자 하고 싶어 했다. 이게 나한테는 굉장히 신경 쓰이는 일이었다. 아이가 나가면 항상 그 자리에 서서 아이 주변에 수상한 사람이 없는지 눈을 크게 뜨고 지켜보았다. 그게 너무 힘들어서 어머니한테 전화해 어떻게 해야 할지 물었다. 나는 지금도 어머니의 충고를 잊지 못한다.

"자넬라, 데보니가 아주 어렸을 때 밖에만 나가면 네 손 꼭 붙잡고 다니던 거 생각나지? 이제 컸으니까 점점 네 손에서 벗어나려고 할 거야. 그 애한테는 자유가 필요해. 네가 손을 놔줘야 해."

나는 어머니의 말이 옳다는 걸 알고 있었다. 그리고 그 후 천천히 아이의 손을 놓을 수 있게 되었다. 쉬운 일은 아니지만 그래야 하니까.

그 후에도 오랫동안 나는 어머니에게 수도 없이 전화를 해 육아에 대한 조언을 들었다. 전화 한 통만 하면 어머니와 얘기를 나눌 수 있다는 사실이 너무나 감사했다.

엄마들의 통계

〈여러분의 가장 중요한 육아 파트너는 누구인가?〉
- 남편이자 아이 아버지 : 96.2%
- 남편이 아닌 아이 아버지 : 0.7%
- 어머니 : 0.6%
- 어머니가 아닌 다른 친척 : 0.3%
- 친구 : 0.7%
- 육아 파트너가 없다 : 0.9%
- 기타 : 0.6%

〈당신은 육아의 책임을 얼마나 분담하고 있는가?〉
- 50% 이하 : 3%
- 50% 이상, 100%는 아니다 : 84%
- 거의 100% : 13%
- 기타 : 0.6%

- 육아 파트너의 가장 큰 장점은 무엇인가?
- 누군가의 도움을 받았으면 하는 부분은 무엇인가?
- 육아 파트너가 없다면 조언을 해 줄 만한 누군가가 있는가?

100%를 준다는 것

"50년간 결혼생활을 지속하길 원한다면 각자 50%씩 포기하는 것 정도로는 안 된다. 성공적인 결혼 생활을 하려면 두 사람 모두 100%를 내주어야 한다." 이것이 최근 우리 부모님이 결혼 50주년 기념일 축하연에서 가족과 친구들에게 털어놓은 성공적인 결혼의 비밀이었다. 나는 두 분이 그동안 많은 우여곡절을 경험했다는 것을 알고 있었다. 그리고 언제든 두 분이 내게 가르친 내용을 몸소 실천하셨다는 것도.

결혼에 관한 연구 결과들을 보면 건강한 결혼 생활이 아이에게 얼마나 긍정적인 영향을 미치는지를 알 수 있다. 나는 우리 부모님의 결혼 생활을 통해 값으로 따질 수 없는 선물을 받았다. 이것은 내 남편과 내가 서로에게 그리고 우리 아이들 네 명에게 주어야 할 선물이기도 하다. 통계에 따르면 결혼한 성인 중 3분의 1이 적어도 한 번은 이혼을 경험한다고 한다. 결혼 서약을 하는 시간은 5분도 안 되지만 그것을 지키는 일은 평생 노력해서 풀어야 할 숙제인 것이다.

마이크 메이슨*Mike Mason*은 자신의 저서 《결혼의 신비*The Mystery of Marriage*》에서 다음과 같이 이야기한다.

> 사랑에 빠진 커플은 자신들이 최고의 로맨스를 경험하고 있으며 어떤 사람들도 그들처럼 사랑할 수 없고 함께할 수만 있다면 그 어떤 것이라도 희생할 수 있다고 믿는다. 그리고 결혼은 그들에게 그것을 증명해 보라고 말한다.

육아에 그토록 많은 시간이 소모되는데 서로에게 모든 것을 주겠다고 약속했던 결혼 서약을 어떻게 지킬 수 있을까? 부모가 되면 전보다 좋아지는 것도 많지만 전보다 나빠지는 것도 분명히 있다. 나는 네 번의 출산을 경험했는데 그때마다 처음 몇 달 동안은 아이에게 푹 빠져 피로도 잘 느끼지 못했다. 어떻게 하면 이 귀여운 아이의 마음을 맞춰줄까에 정신이 팔려 좋았는지 나빴는지도 잘 기억이 안 난다.

거의 모든 엄마가 이러한 정신없는 시기에서 빠져나오자마자 (아빠들도 마찬가지이겠지만 아빠들과는 별로 대화를 나눠 보지 못했다.) 인간관계에 확실한 변화가 생기는 것을 느끼게 되며 좀 더 실용적이면서 익숙하지 않은 일들에 몰두하게 된다. 저녁 식탁에 가족이 함께 앉아 아기가 그 작은 손가락으로 시리얼을 집는 모습을 지켜보는 일은 정말 놀라운 경험이다. 하지만 그 후 바닥에 떨어진 시리얼들을 전부 치우고 아기의 입과 의자를 닦아 주는 일은 매우 지겨운 일이기도 하다. 또 그렇게 청소를 끝내고 완전히 지쳤는데도 늦은 시간까지 잠을 잘 수 없다는 사실은 정말이지 끔찍하나. 아기를 키우는 일에 놀라움과 지겨움과 끔찍함의 감정이 돌아가면서 반복되는 것이다.

우리가 아이를 키우는 일에만 집중하게 되는 것은 당연한 일이다. 해야 할 일이 끝도 없기 때문이다. 하지만 건강하고 낭만적인 결혼 생활을 유지하려면 아이를 함께 돌보는 것만으로는 부족하다. 엄마가 새롭게 겪는 일상에 지치고 아빠는 그 와중에 소외된 느낌을 받는다면 로맨스는 멀어지고 자칫 잘못하면 결혼 생활의 재앙을 초래할 수도 있다.

여러분의 결혼 생활과 아이들을 위해서 이런 재앙을 미리 예방하는 것이 매우 중요하다. '콜로라도 건강한 결혼 프로젝트Colorado Healthy Marriage Project'의 미셸 캠벨Michelle Campbell은 왜 결혼 생활이 우리 아이들과 사회의 전반적인 건강에 중요한지를 연구한다. 광범위한 연구 끝에 그녀는 엄마 아빠의 건강한 결혼 생활을 보며 자란 아이들과 실패한 결혼 생활의 영향을 받은 아이들을 비교한 결과를 다음과 같이 내놓았다.

성공적인 결혼	실패한 결혼
• 학교 성적이 더 좋다.	• 낙제할 가능성이 더 크다.
• 읽기 능력이 더 좋다.	• 읽기와 문법, 수학 성적이 더 낮다.
• 대학에 갈 확률이 더 높다.	• 퇴학당할 확률이 더 높다.
• 좋은 직업을 얻을 확률이 더 높다.	• 자신감과 자부심이 낮다.
• 결혼을 하게 될 확률이 더 높다.	• 동료 집단과의 관계에 어려움을 느낀다.
• 결혼 후 이혼할 확률이 더 낮다.	• 사회적 문제를 일으킬 확률이 높다.

건강한 결혼의 긍정적인 효과는 이 외에도 많다. 부모와 아이 모두 신체적, 정신적으로 건강해지고 바람직한 부모-자식 관계를 영위할 수 있으며 가정 폭력과 아동 학대의 가능성도 줄어든다. 심지어 수명도 더 길어진다고 한다.

즉, 아이의 행복을 위해서는 부모가 건강한 결혼 생활을 누려야 한다. 그러므로 결혼한 엄마가 건강하고 유연한 아이를 키우기 위해 할 수 있는 최선의 방법은 결혼 생활을 훌륭히 가꿔가는 것이다. '건강한 결혼 프로젝트'에서는 성공적인 결혼 생활을 위해 다음과 같은 세 가지 방법을 제시한다.

- 건전한 의사소통은 필수다. 180페이지에 소개된 미셸 캠벨의 '건강한 의사소통의 규칙'을 참고하라. 아이들 교육부터 집안 재정까지 어떤 문제를 놓고 의논할 때든 유용하게 활용할 수 있다.
- 남편과의 관계에 최선을 다하라. 여러분의 결혼 생활을 아이보다도 더 우선순위에 놓아야 한다. 다른 것에 방해받지 않는 둘만의 시간을 가져라. 믿을 만한 탁아 시설을 찾아 아이를 맡기고 정기적으로 (2주일에 한 번씩, 혹은 한 달에 한 번씩) 데이트를 하라.
- 사랑을 표현하라. 남편의 하루가 어땠는지 물어라. 그에게 얼마나 감사하는지 이야기하라. 남편의 관심사를 알아둬라. 용서하라. 로맨스를 잃지 마라.

나는 여기에 두 가지를 더 추가하고 싶다.

- 유머감각을 가져라. 함께 웃어라. 기꺼이 망가져라.
- 서로를 위해 함께 기도하라. 하나님을 통해 인도를 받고 사랑을 키우며 부부 관계를 지켜나가라.

남편의 선택까지 좌지우지할 수는 없지만 일단 우리 자신부터라도 결혼 생활에 자신의 100%를 투자해 보자. 결혼 생활에 어려움을 겪고 있다면, 특히 학대나 중독, 방임, 불륜 등의 문제가 있다면 즉시 목사님이나 카운슬러, 결혼 문제 상담소 등의 도움을 받아야 한다.

건강한 의사소통의 규칙

• 화자의 규칙

· 자신의 처지를 설명한다.

· 설명은 간단하게 한다.

· 이야기를 멈추고 청자가 이해한 바를 말하게 한다.

• 청자의 규칙

· 끼어들지 말고 끝까지 듣는다.

· 자신이 이해한 바를 설명한다.

· 화자가 하려는 말에 집중한다.

• 화자와 청자 모두의 규칙

· 발언권은 언제나 화자에게 있다.

· 청자가 이해한 바를 설명할 때는 발언권을 양보한다.

 실제사례 – **둘이 셋이 되면 어떻게 해야 할까?**

친구인 수지와 크리스 부부의 거실에서 다 같이 편하게 쉬고 있는데, 두 사람이 내 남편 프랭크에게 봉투 하나를 건네주었다. 여덟 살배기 우리 타일러는 부른 배를 안고 내 팔에 안겨 평화롭게 잠들어 있었다. 프랭크는 봉투를 열고 그 안에 든 종이를 보더니 웃기 시작했다.

"이걸 보고 두 사람 생각을 했어." 수지가 말했다.

프랭크는 그 종이를 나도 볼 수 있게 탁자 위에 올려놓았다. 종이에는 만화가 그려져 있었다. 한 부부가 손을 잡고 아기 침대를 바라보며 다른 사람에게 이렇게 말하고 있는 내용이었다. "집에서 아기랑 더 많은 시간을 보내기 위해 우리 직장 일을 대신해 줄 베이비시터를 고용하려고요."

그것은 바로 프랭크와 내가 원하던 일이었다. 우리는 타일러를 갖기 전부터 직장에 다니고 있었지만 이제는 둘 다 집에 있고 싶어 했다. 임신 기간에 미래에 대해 여러 번 함께 의논했던 우리는 둘 다 일을 계속하면서 육아를 분담하기로 결정했다. 그리고 필요할 때마다 두 사람의 역할을 재평가하고 재분담하기로 결정했다.

세 아이가 생기고 16년이 흐른 지금 생각해 볼 때 이 방법은 꽤 효과가 있었다. 특히 지속적으로 각자의 역할을 재평가해 봄으로써 뭔가 문제가 있을 경우 변화를 시도할 수 있었다. 예를 들어 둘째인 딜래니를 낳은 후 나는 컨설팅 일을 하게 됐는데, 너무 힘이 들었다. 당시 나는 매일 새벽 4시 반까지 딜래니를 돌보다가 6시 20분 기차를 타고 LA로 출근했다. 그리고 온종일 힘들게 일하다가 저녁 8시가 되면 샌디에이고의 집으로 돌아와 다시 딜래니를 돌봤다.

어느 날 저녁 퇴근길에 기차 안 좁은 화장실에서 유축하면서 나는 내 인생이 뭔가 잘못돼 있다는 걸 깨달았다. 가족과도 완전히 멀어진 느낌이었다. '내 딸에 대해서 제대로 알지도 못하는 것 같아.' 덜컹거리는 기차 안에서 모유를 한 방울도 흘리지 않기 위해 조심스럽게 젖병 뚜껑을 돌려 닫으며 나는 생각했다. 며칠 후 나는 회사에 전화해 십에서 일하는 시간을 좀 늘려도 되겠냐고 물었고 회사의 동의를 얻었다.

몇 년 동안 프랭크와 나는 필요할 때마다 서로의 역할을 바꾸었다. 일과 육아를 반드시 분리해서 생각하지 않고 재택근무나 파트타임, 개인 사업 등을 통해 절충안을 찾았다. 이런 방식을 선택함으로써 우리 아이들은 아빠와 엄마 모두의 양육을 경험하는 혜택을 누렸다. 내가 다른 부부들에게 하고 싶은 충고는 육아의 역할을 분담할 때 단지 상대의 의견을 그대로 받아들이거나 고정된 방식만을 추구하지 말라는 것이다. 좋은 배우자와 부모에 대해 묘사한 성경 구절을 전부 찾아보고 하나님께서 여러분을 어떤 사람으로 만드셨는지 생각해 보라. 그리고 여러분의 남편도 자신의 소명을 찾을 수 있도록 기도하라. 하나님께서 여러분에게 주신 재능을 어떻게 하면 가족과 세상을 위해 쓸 수 있을지 함께 대화를 나눠보라.

– 나오미, 세 아이의 엄마

결혼식 때 가장 흔히 낭독하는 구절이 바로 **고린도전서 13장**이다. 내 결혼식 때도 마찬가지였다. 사랑에 관한 이 시적인 문장들은 단지 결혼 생활뿐 아니라 모든 인간관계에 적용될 수 있다.

사랑은 오래 참고

사랑은 온유하며

시기하지 아니하며

사랑은 자랑하지 아니하며

교만하지 아니하며

무례히 행하지 아니하며

자기의 유익을 구하지 아니하며

성내지 아니하며

악한 것을 생각하지 아니하며

불의를 기뻐하지 아니하며

진리와 함께 기뻐하고

모든 것을 참으며

모든 것을 믿으며

모든 것을 바라고

모든 것을 견디느니라.

사랑은 언제까지나 떨어지지 아니하되

예언도 폐하고 방언도 그치고 지식도 폐하리라.

– 고린도전서 13장 4~8절

- 엄마가 된 후 남편과의 관계에서 좋았던 일, 지루했던 일, 끔찍했던 일을 한 가지씩만 생각해 보라.
- 179페이지의 건강한 결혼 생활을 위한 다섯 가지 방법 중 나의 상황에서 가장 필요한 것은 무엇인가?

[복 습]

〈육아 파트너는 건강하고 유연한 아이를 키우는 데 중요한 역할을 한다.〉

- 결혼 생활을 유지하려면 부부가 서로에게 100%를 내주어야 한다.

- 성공적인 결혼 생활은 아이뿐만 아니라 사회 전체를 건강하게 만든다.

- 의사소통, 헌신, 사랑, 유머, 기도가 건강한 결혼 생활의 열쇠이다.

새벽 2시에 나는 키가 소화전 높이밖에 안 되는 한 사람의 출현에 잠에서 깬다. 침대 매트리스 너머로 그의 검은 눈동자만이 깜박인다.

"왜 그러니?" 내가 속삭인다.

"아냐." 그도 속삭인다.

그는 안도감을 얻기 위해 우리 침대로 온다. 그에게는 우리가 신에 가장 가까운 존재일 것이다. 사실 이 침대 위에는 너무나 불완전한 인간 두 명이 잠들지 못하고 뒤척이고 있을 뿐이지만.

— 애나 퀸들렌, 《리빙 아웃 라우드 *Living Out Loud*》 중에서

PART 4.
언제나 하나님이 최우선이다

1. 사랑을 발견하라

하나님의 사랑은 엄마의 사랑과 같다

 실제사례 - **그분은 날 사랑하신다!**

나는 임신하기 전까지 하나님에 대해 생각해본 적이 없었다. 사실 해보려고 하지도 않았다. 주일학교에서 하나님에 대해 배운 적은 있지만 나이가 들수록 그분의 존재가 내 일상생활에는 맞지 않는 것처럼 느껴졌다. 아이들이 태어나자 (5년 동안 무려 3명이나) 나는 달라졌다. 내게는 하나님이 필요했다. 아주 절실하게. 나 혼자 힘으로는 하루하루를 헤쳐나갈 수가 없었고, 엄마 역할을 어떻게 해내야 할지도 몰랐다. 내가 가지고 있는 것보다 훨씬 더 많은 능력이 필요했다. 아이들이 내 모든 것을 빨아들이는 느낌이 들 때면 나는 하나님을 찾았고 그때마다 그분께서는 나를 다시 채워주셨다.

나는 열일곱 살 때 임신을 했고 그때 기독교인이 되었다. 그때부터 나는 하나님께 나를 변화시켜 달라고 기도했다. 제멋대로이고 미숙했던 나는 그저 좀 더 예수님처럼 되고 싶었다. 그래서 사랑과 기쁨, 평화와 인내심을 달라고 기도했다. 하지만 하나님께서 이미 준비를 시작하셨다는 것은 알지 못했다. 나는 모든 부분에서 내가 이미 엄마가 되어가고 있다는 걸 몰랐다. 엄마가 되는 과정은 내가 찌그러졌다가 펴지고 다시 구겨지는 것처럼 고통스러웠다. 이불 속에서 웅크린 채 도와달라고 기도할 때면 하나님께서 찾아오셨다. 그분은 내 아이가 아프거나 길을 잃거나 말을 듣지 않을 때 항상 내 곁에 계셔주셨고 항상 나를 사랑하셨다. 이런 체험은 내게 큰 기쁨으로 다가온다.

— 트리샤, 세 아이의 엄마

트리샤처럼 나도 엄마가 된 후로 하나님의 사랑을 새롭게 이해하게 되었다. 나는 내가 아이들과 함께 있는 것을 좋아하는 것처럼 그분도 나와 함께하기를 좋아하신다는 것을 깨달았다. 나를 지켜주시려는 하나님의 마음은 내 아이를 지켜주려는 내 마음과 같았다. 내가 가장 좋아하는 선지자 이사야의 말씀을 소개한다.

그는 목자 같이 양 떼를 먹이시며
어린 양을 그 팔로 모아 품에 안으시며
젖먹이는 암컷들을 온순히 인도하시리로다.
– 이사야 40장 11절

이 말씀은 우리가 우리 아이들을 사랑하듯 하나님께서도 우리 엄마들을 사랑하신다는 것을 보여 준다. 우리가 아이들에게 하듯 하나님께서는 우리를 기르고 지켜주신다. 우리가 아이들을 안아주듯 하나님께서는 우리를 품에 안으신다. 우리가 화가 나고 두렵고 상처 입고 혼란스러울 때 혹은 그저 작은 관심이 필요할 때조차 하나님께서는 우리를 편안하게 해주신다. 여러분도 그런 감정을 느껴본 적이 있는가?

누가 손바닥으로 바닷물을 헤아렸으며 뼘으로 하늘을 쟀으며 땅의 티끌을 되에 담아 보았으며 접시 저울로 산들을, 막대 저울로 언덕들을 달아 보았으랴.
– 이사야 40장 12절

양손을 모아 물을 퍼담아 보라. 손바닥에 물이 얼마나 담기는가? 겨우 두 숟가락 정도의 양밖에 안 될 것이다. 지구상의 모든 물을 담을 수 있는 하나님의 손에 비교한다면 두 숟가락의 물밖에 담을 수 없는 내 손은 참으로 무의미해 보였다. 그렇게 미미한 존재를 하나님께서 과연 신경이나 쓰실까? 밖으로 나가 손을 들어 하늘을 가려보라. 넓은 하늘을 얼마나 가릴 수 있는가? 저 넓은 하늘을 다 가리려면 그 손은 얼마나 커야 할까? 하나님의 손은 그 크기를 헤아릴 수 없다. 이 세상을 창조하고 운용하시는 그 손이 이 세상에 있는 모든 엄마를 끌어안고 기르고 이끌어주시는 것이다. **시편 139편**에서 다윗은 하나님의 따뜻한 이해와 사랑을 시로써 표현하고 있다. 아이가 엄마를 보며 하는 생각을 이 시의 내용과 비교해 보자.

여호와여, 주께서 나를 살펴 보셨으므로 나를 아시나이다.	엄마는 항상 내 생각을 한다.
주께서 내가 앉고 일어섬을 아시고 멀리서도 나의 생각을 밝히 아시오며	엄마는 내가 하는 모든 일을 계획해 주시고 내 생활의 모든 부분을 다 신경 쓰고 계신다.
나의 모든 길과 내가 눕는 것을 살펴 보셨으므로 나의 모든 행위를 익히 아시오니	엄마는 내가 뭘 하는지 항상 안다. 마치 머리 뒤에 눈이라도 달린 것처럼!
여호와여 내 혀의 말을 알지 못하시는 것이 하나두 없으시니이다.	엄마는 내가 원하는 것을 가끔 나보다도 먼저 안다. 정말 신기한 일이다.
주께서 나의 앞뒤를 둘러싸시고 내게 안수하셨나이다.	엄마는 나를 항상 지켜주고 위험이 닥치면 내 손을 잡아 주신다.
이 지식이 내게 너무 기이하니 높아서 내가 능히 미치지 못하나이다.	엄마는 내가 제일 좋아하는 음식이 뭔지 알고 있다. 내가 잃어버린 물건이 어디에 있는지도 다 알고 계신다. 가방에는 항상 과자와 반창고, 장난감을 가지고 다니며 필요할 때 꺼내주신다. 정말 신기하다.

내가 주의 영을 떠나 어디로 가며 주의 앞에서 어디로 피하리이까. 내가 하늘에 올라갈지라도 거기 계시며 스올에 내 자리를 펼지라도 거기 계시니이다.	엄마는 내가 로켓을 타고 다른 별에 가거나 땅을 파고 지구 한가운데 들어간다고 해도 나를 찾아낼 것이다.
내가 새벽 날개를 치며 바다 끝에 거주할지라도 거기서도 주의 손이 나를 인도하시며 주의 오른손이 나를 붙드시리이다.	엄마는 내가 아침에 일어날 때도, 밤에 잠을 잘 때도, 언제라도 내 곁에 계실 것이다.

— 시편 139편 1~10절

나는 엄마가 되기 전까지 하나님의 사랑이 어떤 것인지 전혀 상상할 수 없었다. 내 아이들은 하나하나 너무 소중하지만 가끔 내 사랑에 무관심하거나 말을 듣지 않아서 상처를 받을 때도 있다. 아이들은 수천 가지 방식으로 내 사랑을 시험한다. 특별한 이유도 없이 몇 시간 동안 투정을 부린다든가, 쿠키가 부서졌다는 등의 별것도 아닌 이유로 짜증을 낸다든가, 상처가 되는 신랄한 말을 날린다든가, 화해하려고 다가가는 내 눈앞에서 문을 쾅 닫아 버린다든가, 거의 모든 면에서 내 믿음을 깨뜨린다. 그럴 때면 아이들이 정말 밉지만, 나의 사랑에는 변함이 없다. 그것이 바로 하나님께서 나를 사랑하시는 방식이다. 그리고 그것이 하나님께서 여러분을 사랑하시는 방식이다.

옛적에 여호와께서 나에게 나타나서 내가 영원한 사랑으로 너를 사랑하기에 인자함으로 너를 이끌었다 하였노라.
— 예레미아 31장 3절

- 나를 그토록 사랑하시는 하나님에 대해 생각해보자.
- 하나님께서 나와의 관계를 반기고 축복하신다는 사실을 생각해보자.

하나님은 없다?

1,200명의 엄마에게 하나님을 믿는지 물었다. 그 중 97%는 하나님을 믿는다고 대답했고, 1%는 믿지 않는다, 2%는 확신할 수 없다고 대답했다. 하나님을 믿는 엄마들 사이에서도 하나님에 대한 생각은 각기 달랐다. 여기 그 중 몇 가지를 소개한다.

목소리

〈나는 하나님을 어떤 분으로 상상하는가?〉

- 우리를 사랑하고 돌보시는 전능한 분 – *조앤, 세 아이의 엄마*

- 내가 이해할 수 있는 것보다 훨씬 더 크고 복잡한 존재 – *마르네, 한 아이의 엄마*

- 내 삶을 가지고 장난을 칠 수 있는 분 – *웬디, 두 아이의 엄마*

- 너무나 큰 사랑을 품고 계셔서 내가 소리를 지르며 품에 뛰어들어도 편안히 안아주시는 분. 내가 무슨 짓을 하든, 무슨 실수를 하든, 나를 사랑하고 그분과 함께하길 원하시는 분 – *탤리, 네 아이의 엄마*

- 전지전능하고 놀라운 일을 행하실 수 있는 분. 가끔 날 위해서는 놀라운 일을 해 주지 않으실 것 같은 생각이 들지만. *- 코니, 네 아이의 엄마*

- 항상 그런 건 아니지만 나는 하나님을 냉정하고 가혹하고 화를 잘 내는 분으로 생각할 때가 많다. *- 헤더, 한 아이의 엄마*

- 우리 아빠랑 비슷한 분처럼 여겨진다. 크고 강하고 멀리 있는 분이며 어린 딸의 존경과 두려움과 사랑을 한몸에 받는 분 *- 헤더, 두 아이의 엄마*

엄마들이 하나님을 보는 시각이 어쩌면 이토록 다양할까? 우리가 개인적인 경험에 의존해 하나님을 정의하기 때문이 아닐까?

나는 평생 하나님을 배우는 일에 몰두해 왔다. (내가 처음 교회에 갔던 나이는 무려 생후 일주일 때였다!) 하지만 나도 가끔 내 경험에 의존해 하나님을 정의하는 것을 발견한다. 가장 기억에 남는 것은 내가 두 번째로 유산을 한 직후의 일이다. 내가 아기를 잃었던 그날은 어머니날 며칠 전이자 내가 가르치던 중학교 학생이 두 번째 아이를 가졌다는 것을 털어놓은 지 며칠 지나지 않아서였다. 처음 낳은 아이는 이미 위탁 가정에 맡겨져 있었다. 그 고통스러운 시간에 나는 하나님이 변덕스러운 존재이며 생명에, 그리고 특히 나의 감정에 무관심한 분이라고 생각했다. 나는 내 현실밖에 볼 수 없었다. 지금은 그때조차 하나님이 내 곁에 계셨다는 것을 알지만 당시에는 그분이 나에 대해 신경 쓰지 않으신다고 생각했다.

때로 우리는 우리 주위의 고통과 괴로움만 보고 하나님을 정의하려고 한다. 언제 하나님 때문에 화가 나느냐는 질문에 엄마들은 다음과 같이 대답했다.

- 자폐아인 내 아들을 볼 때마다 왜 하필 우리 아이냐고 묻게 된다.
  – 트레어, 세 아이의 엄마
- 내 삶에 어떤 계획을 세워 두고 계시는지 이메일로 알려주시지 않을 때. *– 크리스티나, 세 아이의 엄마*
- 우리가 어찌할 수 없는 일들, 예를 들어 홍수나 허리케인, 더위 같은 것 때문에 사람들이 죽어 갈 때. *– 코세트, 두 아이의 엄마*
- 그분의 처벌 방식을 이해할 수가 없다. 전 세계의 어린이 학대나 기아 같은 문제들을 그냥 두시는 걸 보면 '왜?'라는 질문을 던지지 않을 수 없다. *– 다시, 세 아이의 엄마.*

여섯 살짜리 여자아이가 이웃 친구에게 성추행을 당했을 때, 아버지가 아이들을 버리고 도망쳤을 때, 신의 이름으로 행해진 폭탄 테러로 온 도시가 잿더미가 되었을 때 등등 세상을 가득 채운 고통의 예는 너무나도 많다. 우리 중 누군가가 하나님께 화가 나서 그분을 제멋대로이고 무심한 분이라고 생각한다 해도 놀랄 일은 아니다. 필립 얀시*Philip Yancey*는 우리가 고통스러워할 때 하나님은 대체 어디 계시냐는 질문에 이렇게 대답한다. "그분은 우리 안에 계신다. 상처를 주는 것들 안이 아니라 우리 안에서 나쁜 것을 좋은 것으로 바꾸도록 도와주신다. 하나님께서는 악으로부터 선을 이끌어내시지만 그분이 선을 만들어 내기 위해 악을 불러오신다고 할 수는 없다."

창세기를 읽어 보면 얀시의 이야기가 무엇인지 알 수 있다. 하나님께서는 완벽하고 고통 없는 세상을 만드셨지만 인류는 하나님이 만드신 울타리를 벗어나 그분의 세상 안에 고통과 괴로움을 가져왔다. 여러분이 아이들을 위해 어떻게 집을 꾸몄는지 생각해보라. 출구를 막고 계단에 문을 설치하고 화장실에까지 어린이 보호용 잠금장치를 달아 놓았을 것이다. 그래도 영리한 아이들은 어떻게든 그 울타리를 넘어 원하는 곳으로 가고야 만다.

내가 낮잠을 자는 동안 우리 막내는 자기 옷장 서랍을 빼서 그걸 딛고 창문 위로 올라간 뒤 창문에 쳐 놓은 블라인드를 잡고 뒷마당까지 내려갔다. 그리고 작은 탁자와 의자들을 딛고 올라가 뒷문 자물쇠를 열고 결국 거리까지 나가고 말았다. 나는 아들의 안전한 환경을 위해 그토록 노력했지만 결국 아이는 내가 안전하다고 생각했던 그 울타리를 넘어 밖으로 나간 것이다.

아마 여러분도 비슷한 선택을 한 적이 있지 않을까? 우리의 욕망이 하나님의 울타리를 벗어날 때 우리는 세상과 나 자신, 그리고 다른 사람들에게 또 다른 고통을 안겨주게 된다. 다른 사람들이 하나님의 울타리를 무시할 때 역시 세상에 고통이 하나씩 늘어난다. 가끔 그 고통은 수없이 많은 사람의 생명을 위협하기도 한다. 하나님은 악과 고통으로 가득한 세상을 만들지 않으셨다. 그것은 내가 어린 아들이 집 밖으로 나갈 길을 만들어 놓지 않은 것과 같다. 하지만 얀시의 말대로 "하나님은 악으로부터 선을 이끌어내신다."

내 아들이 화가 난 이웃 사람의 손에 이끌려 집에 돌아왔을 때 나는 아이에게 안전에 대해 다시 한 번 가르쳐야만 했다. 아이의 위험한 선택에 화는 났지만, 안전하게 집에 돌아왔다는 사실에 감사하며 나는 아이를 꼭 끌어안았다.

마곳 스타벅*Margot Starbuck*은 자신의 저서 《오렌지색 옷을 입은 소녀*The Girl in the Orange Dress*》에서 어른들의 입양과 이혼으로 아버지를 계속 잃어야 했던 자신의 경험을 연대기적으로 서술한다. 이 책의 마지막 부분에서 스타벅은 잃어버린 양과 아들과 동전에 관한 예수님의 말씀을 소개하며 이렇게 이야기한다. "예수님께서 이렇게 말씀하시는 것이 들리기 시작했다. '우리 아버지가 어떤 분인지 너에게 알려주고 싶구나.'" 몇 단락 뒤에 그녀는 또 이렇게 쓰고 있다. "예수님은 모든 양과 동전, 그분의 아들딸들에게 이런 사실을 알려주고 싶어 하신다. 우리가 죄악과 수치심, 죄책감, 우울, 절망, 혹은 죽음에 빠지더라도 아버지 하나님께서는 우리가 다시 집으로 돌아와 그분이 어떤 존재인지 느끼고 그분의 사랑 안에서 자신을 찾기를 원하신다고." 스타벅은 양아버지든 자신을 버린 친아버지든 간에 자신의 어린 시절 아버지들에 관한 경험으로 하나님을 정의할 수는 없다는 사실을 깨달았다. 자신의 생부와는 달리 하나님께서는 그녀를 버리지 않으셨다는 것을 알게 되었기 때문이다.

아버지는 종들에게 이르되 제일 좋은 옷을 내어다가 입히고 손에 가락지를 끼우고 발에 신을 신기라. 그리고 살진 송아지를 끌어다가 잡으라.

우리가 먹고 즐기자. 이 내 아들은 죽었다가 다시 살아났으며 내가 잃었다가 다시 얻었노라 하니 그들이 즐거워하더라.

– 누가복음 15장 22~24절

 실제사례 – **고통 속에서 만난 하나님**

'뭔가 잘못됐어. 아이가 젖을 빨지 않아.' 나는 제이크에게 젖을 먹이려 애쓰면서 생각했다. 나는 제이크가 힘든 진통과 출산 과정 때문에 젖을 먹을 준비가 아직 안 됐다는 의사의 말을 믿으려고 노력했다. 소아과 간호사였던 나는 이런 일이 흔하다는 걸 알고 있었지만 그래도 마음이 편하지 않았다.

12시간이 지난 후에야 아이는 마침내 젖을 물었지만 계속 기침을 하고 토하기만 했다. '뭔가 정말 잘못됐구나.' 나는 불길한 예감을 떨쳐내려 애썼다. 간호사가 내 병실로 와서 몇 가지 검사를 했다. '아무 일 없을 거야. 내가 그냥 피곤해서 예민해진 거야.' 나는 안심하려고 노력했다.

"아무 문제 없는 것 같네요. 집에 갈 준비 되셨어요?" 간호사가 물었다.

"네." 나는 잠시 후에 이렇게 말했다. "근데 제이크가 젖을 잘 못 먹어요. 제대로 삼키질 못하는 것 같아요."

"젖 먹이는 걸 제가 한번 볼게요." 간호사가 말했다. 내가 젖을 먹이려 하자 아이는 다시 기침을 하며 뱉어냈다. 간호사는 즉시 걱정스러운 표정을 짓더니 여기저기 호출을 했다.

곧 여러 명의 의사와 간호사들이 내 병실에 들어왔다. 이것이 좋은 징조가 아니라는 걸 나는 알고 있었다.

남편은 집에서 다른 아이들을 돌보느라 전화를 받지 않았다. 얼마 후 친언니가 병실에 들어왔을 때 나는 한결 안심이 되었다. 언니는 이 세상에서 나와 가장 가까운 친구였다. 하나님께서 제때 언니를 내게 보내주신 것 같았다.

두 시간 후 의사가 들어와 내가 듣고 싶지 않았던 이야기를 하기 시작했다.

"바로 수술을 해야 할 것 같습니다. 식도가 위와 연결이 안 돼 있어요. 위가 기도와 이어져 있어서 음식을 내려 보내질 못하는 거예요. 수술을 해서 바로잡아야 합니다. 심각한 문제라서 생명이 위험할 수 있어요."

그가 말한 단어들이 내 머릿속에 울려 퍼졌다. 생명의 위험, 수술, 기도와 이어진 위. 내게는 남편이 필요했다. 드디어 언니의 연락을 받은 남편이 병원으로 달려왔다.

밤에 간호사들이 제이크가 누운 침대를 밀고 병실로 들어왔을 때 아이의 몸에는 온통 관이 꽂혀 있고 피를 뽑은 자리마다 밴드가 붙어 있었다. 아이는 너무나 작고 연약해 보였다. 우리는 혹시 이것이 우리가 함께하는 마지막 밤이 되지 않을까 생각하며 아이를 밤새 꼭 안고 있었다.

새벽 1시쯤에 스티브가 시편 46장 말씀을 읽기 시작했다. "하나님은 우리의 피난처시오 힘이시니 환난 중에 만날 큰 도움이시라."

'하나님, 너무 두렵습니다.' 나는 조용히 기도를 드리고 스티브는 계속 말씀을 읽었다. "만군의 여호와께서 우리와 함께하시니 야곱의 하나님은 우리의 피난처시로다." 우리는 그날 밤 내내, 그리고 다음 날 아침 제이크의 수술이 진행되는 세 시간 동안 오로지 이 말씀에만 매달렸다.

다행히 수술은 성공적이었다. 이것이 이 이야기의 마지막이었으면 좋겠지만 사실 일 년이 지난 지금도 여전히 제이크는 합병증과 싸우고 있다. 나는 성경을 읽고 기도를 드리는 등 하나님께 의지하지 않고는 하루도 버틸 수 없다는 사실을 깨달았다. 다른 이들이 이런 일을 겪는 것은 원치 않는다. 하지만 나는 고통 속에서도 하나님을 보았다.

― 신디, 세 아이의 엄마

- 나는 하나님을 어떤 분이라고 생각하는가?
- 내가 하나님을 보는 시각은 어떤 경험에 의해 형성된 것인가?

여전히 우릴 기다리시는 하나님

개인적인 경험이나 나쁜 사건들에만 의존해 하나님을 정의하는 것은 마치 우리 뒷마당이나 산 위에서 내려다본 풍경만 가지고 세상을 정의하는 것과 같다. 하나님의 큰 뜻은 단지 우리가 보는 풍경 그 이상이다. 이 세상을 창조하신 그분은 인간의 경험을 훨씬 초월하는 존재이다. 일단 우리가 하나님을 영접하고 우리의 경험에 입각한 편견을 버린다면 하나님의 존재에 대한 진실을 깨닫고 그분이 우리를 얼마나 사랑하는지 알게 될 것이다. 하나님은 우리 존재보다 훨씬 더 큰 분이기 때문에 (그분의 손 크기를 떠올려 보라!) 우리는 평생 그분을 더 자세히 알고 그분의 큰 뜻 안에서 우리의 역할을 찾기 위해 노력해야 한다. 솔로몬 왕은 다음과 같은 조언을 들었다.

네가 만일 그를 찾으면 만날 것이요 만일 네가 그를 버리면 그가 너를 영원히 버리시리라. 그런즉 이제 너는 삼갈지어다. 여호와께서 너를 택하여 성전의 건물을 건축하게 하셨으니 힘써 행할지니라.
– 역대상 28장 9~10절

아이들에게 여러분 자신에 대해 알려주려고 노력해본 적 있는가? 아이들은 엄마를 잘 이해하지 못한다. 예컨대 엄마도 한때 어린 아이였다고 말하면 고개를 갸우뚱거린다. 그래서 나는 아이들에게 내 어릴 적 사진과 홈 비디오를 보여준다. 또 내가 일하는 직장에 데려가 엄마가 무슨 일을 하는지 보여주고 사소한 것이라도 일을 도울 기회를 만들어주기도 한다. 엄마와 아빠가 서로 얼마나 사랑하는지 알려주기 위해 남편에게 끊임없이 사랑한다고 말하고 아침저녁으로 키스하는 모습을 보여준다.

하나님도 예수님을 통해 그렇게 하셨다. 예수님은 하나님의 화신이며 우리와 함께하는 살아계신 하나님이다. 이 땅에 사시는 동안 예수님은 하나님께서 원래 우리에게 의도하셨던 그 모습을 몸소 실천하셨다. 예수님은 이 땅에 오셔서 하나님의 일을 하며 사람들도 거기에 참여하도록 하셨다. 예수님은 장애인들을 치료하고 수많은 사람을 먹이고 목마른 이들에게 마실 것을 주고 모든 사람을 사랑하셨다. 그분은 이 땅에서 살며 하나님이 그분을 통해 이루고자 한 목적을 다 이루셨다. 그리고 죽음과 부활을 통해 하나님의 사랑을 보여주셨다.

예수님은 왜 그렇게 하셨을까? 왜 그렇게까지 해야 했을까? 예수님을 통해 나타나신 하나님께서 우리를 사랑하고 현생과 내세 모두에서 우리와 함께하기를 원하시기 때문이다. 또 우리가 하나님의 울타리를 자꾸만 밀치고 나가려 하기 때문이다. 자기 마음대로 하려는 욕망이 하나님에게서 멀어지게 한다. 성경에서는 그러한 내면의 욕망을 죄악이라 부르며 죄악의 대가는 하나님과 영원히 멀어지는 것이라 하였다. 하지만 하나님은 여러분과 영원히 멀어지는 것을 원하지 않으신다. 그분은 발견되고 싶어 하신다. 그분은 여러분과 계속 사랑을 나누고 싶어 하신다.

사랑은 여기 있으니 우리가 하나님을 사랑한 것이 아니요, 하나님이 우리를 사랑하사 우리 죄를 속하기 위하여 화목제물로 그 아들을 보내셨음이라.
- 요한 1서 4장 10절

영접하는 자 곧 그 이름을 믿는 자들에게는 하나님의 자녀가 되는 권세를 주셨으니
- 요한복음 1장 12절

하나님의 큰 뜻 안에서 여러분의 역할을 찾는다는 것은 예수님께서 주신 하나님과의 만남이라는 선물을 받아들이고 그분을 통해 여러분이 하나님의 자녀라는 사실을 믿는 것이다. 전에 이런 생각을 해본 적이 없다면 오늘이라도 하나님과 대화를 나눠 보라. 엄마가 잠시 떨어져 있게 된 아이를 그리워하듯 하나님은 언제든 여러분을 끌어안고 대화를 나눌 준비가 되어 계신 분이다.

하나님이 세상을 이처럼 사랑하사 독생자를 주셨으니 이는 그를 믿는 자마다 멸망하지 않고 영생을 얻게 하려 하심이라.
- 요한복음 3장 16절

- 아이를 사랑하고 아이와 건강한 관계를 맺기 위해 무엇이
든 하는 엄마들과 나를 사랑하고 나와 건강한 관계를 맺
고 싶어 하시는 하나님을 비교해 보자.

- 내가 하나님의 사랑을 받아들이지 못하게 막는 장애물에
는 어떤 것이 있는가?

[복 습]

〈하나님은 사람들을 사랑하기 위해 온 세상을 창조하셨다.〉

- 하나님은 엄마처럼 우리를 사랑하신다.

- 하나님의 사랑은 엄마의 사랑보다 훨씬 더 크다.

- 하나님의 사랑은 악 가운데서 선을 이끌어낸다.

- 하나님은 우리의 삶 속으로 들어오길 원하신다.

2. 목적을 발견하라

하나님이 첫 번째다

엄마가 매일 아이의 미래를 위해 노력하고 있다면 이미 하나님께서 주신 목적을 달성할 준비가 된 것이다. 여러분의 아이가 태어나기 전, 심지어 여러분이 태어나기도 전부터 하나님께서는 여러분이 여러분 아이에게 꼭 맞는 엄마가 되어 오직 여러분만이 할 수 있는 방식으로 아이를 사랑하도록 미리 준비해 놓으셨다. 엄마가 되는 것은 여러분 인생의 가장 중요한 목적 중 하나이다. 물론 첫 번째는 아니다. 릭 워렌*Rick Warren*은 자신의 베스트셀러 저서인 《목적이 이끄는 삶*The Purpose Driven Life*》에서 우리 삶의 가장 중요한 목적에 대해 다음과 같이 설명한다.

> 하나님께 기쁨을 드리고 그분의 기쁨을 위해 사는 것이 우리 인생의 첫 번째 목적이다. 여러분이 이 진실을 완전히 이해한다면 자신이 더 이상 하찮은 존재라고 느끼지 않을 것이다. 여러분이 하나님께 그토록 중요하고 귀한 존재이며 그분이 여러분과 영원토록 함께하고 싶어 하신다면 그보다 더 의미 있는 일이 어디 있겠는가?

엄마들의 통계

〈나는 하나님께서 나를 만드신 목적이 있다고 믿는다.〉
- 그렇다 : 96.5%
- 아니다 : 3.5%

 엄마들의 통계

〈나는 하나님께서 내 삶에 주신 목적을 알고 있다.〉
- 그렇다 : 71.4%
- 아니다 : 28.6%

엄마가 되면 시간과 에너지, 돈을 쓰는 방식이 완전히 달라진다. 나는 출산 후 무게가 3.3kg밖에 나가지 않는 자그마한 존재를 위해 기꺼이 내 일상의 우선순위를 바꾸었다. 가끔은 내가 아주 중요하게 여기던 일들(예를 들면 아침에 제일 먼저 머리를 감아야 한다든가)을 딸을 위해 뒤로 미루게 되었다. 거의 모든 엄마에게 이 변화는 평생 지속된다. 나는 아직도 우리 어머니에게 가장 중요한 존재이다. 물론 지금은 어머니에게 머리 감을 시간이 충분히 생겼지만 말이다! 내가 어른이 되어 콜로라도로 이사 왔을 때에도 어머니는 정기적으로 나를 찾아오셨고 내가 수술을 받은 직후에는 만사를 제치고 오셔서 나와 우리 가족들을 돌봐주셨다.

하나님께 기쁨을 드리는 가장 중요한 목적을 이루기 위해서도 비슷한 변화가 필요하다. 우리가 하나님을 최우선에 둘 때 우리는 자신이 누구이며 어떤 사명을 지녔는지 깨달을 것이다. 하나님께서는 이렇게 말씀하신다. "모든 일을 그의 뜻의 결정대로 일하시는 이의 계획을 따라 우리가 예정을 입어 그 안에서 기업이 되었으니"(에베소서 1장 11절)

작가인 C. S. 루이스는 자신의 저서에 이렇게 기록했다. "하나님께 자신을 맡길수록 더욱 진정한 자신의 모습을 찾을 수 있다. 왜냐하면 그분이 우릴 만드셨기 때문이다. 그분은 모든 사람을 각기 다르게 창조하셨다. 나 자신을 포기하고 예수님의 인격을 따라갈 때 처음으로 나만의 진정한 인격을 가질 수 있게 된다."

네 마음을 다하고 목숨을 다하고 뜻을 다하고 힘을 다하여 주 너의 하나님을 사랑하라.
– 마가복음 12장 30절

- 마음을 다하여 하나님을 사랑하는 것은 어떤 것인가?
- 목숨을 다하는 것은?
- 뜻을 다하는 것은?
- 힘을 다하는 것은?

사랑을 실천하는 방법

예수님은 인생에서 두 번째로 중요한 목적도 제시해 주셨다. "네 이웃을 네 자신과 같이 사랑하라.(**마가복음 12장 31절**)" 결혼한 사람이라면 남편을 사랑하는 일이, 엄마가 되었다면 아이를 사랑하는 일이 여기에 포함될 것이다.

우리의 가족을 넘어 다른 이들을 사랑하는 일에 관해서 예수님은 선한 사마리아인의 이야기(**누가복음 10장 25~37절**)로 알기 쉽게 설명해 주셨다. 한 여행자가 강도의 습격을 받아 길가에 버려진 채 죽어가고 있었다. 제사장과 레위인이 그를 보았지만 그의 눈을 피한 채 말도 걸지 않고 지나갔다. 하지만 사마리아인은 달랐다. 그는 그 사람의 상태를 보고 즉시 응급처치를 하고 상처를 싸맨 뒤 어느 여인숙에 묵게 하여 완전히 회복되도록 도와주었다. 이들 중에 남을 사랑한 사람은 누구인가? 당연히 필요할 때 도와준 사람일 것이다.

다른 사람을 사랑하라는 우리의 두 번째 소명은 우리 가족과 가까운 친구들, 심지어 우리 문화권도 뛰어넘는다. 하지만 전 세계 67억 명 모두에게 사랑을 실천할 수는 없다. 여러분은 가족과 가까운 친구 다음으로 누구에게 사랑을 줄 것인가?

하나님은 우리 모두에게 각기 다른 열정과 희망, 능력, 관심, 경험, 성격, 영향력을 주셨다. 그분은 여러분이 아이를 기르는 중에도 각자의 재능을 이용해 다른 사람을 사랑할 기회를 계속 만들어 주신다. 만약 사랑을 실천할 방법을 잘 모르겠다면 다음과 같은 사항들을 고려해 보라.

- **봉사 활동에 참여하라.** 다른 사람을 사랑할 기회를 찾아라. 결식 아동에게 식사를 제공하고 글을 모르는 사람들에게 글을 가르치며 근처에 사는 10대 엄마의 친구가 되어주자. 도움을 줌으로써 여러분의 마음이 즐겁다면 사랑해야 할 사람을 찾은 것이다.

- **작은 일들을 소중히 여겨라.** 테레사 수녀님은 이렇게 말씀하셨다. "나는 큰일을 하는 게 아니에요. 큰 사랑으로 작은 일들을 하는 거죠." 위대한 사랑은 작은 친절 속에 감추어져 있는 경우가 많다. 예수님께서는 제자들의 발을 씻겨주고 아침 식사를 손수 차려주시며 아이들과 어울리고 이방인들과 식사를 함으로써 모범을 보이셨다.

- **두려워하지 마라.** 가끔 하나님은 우리의 능력을 벗어나는 듯한 방법으로 다른 이들을 사랑하라고 명하신다. 어린 아이들을 키우는 엄마가 도저히 할 수 없는 일처럼 보일 때도 있다. 그럴 때는 믿을 만한 이의 조언을 듣고 무엇보다도 하나님께 직접 여쭤 보는 것이 중요하다.

- **조언을 들어라.** 친한 친구나 가족이나 멘토에게 여러분의 재능과 상황을 고려할 때 누구에게 사랑을 실천하는 것이 좋을지 물어보라.

- **하나님께 여쭤 보라.** 그분은 여러분을 다른 사람을 사랑하는 존재로 만드셨다. 매일 아침 제일 먼저 그분께 여쭤보라. "오늘은 제가 누구를 사랑해야 할까요?"

"내년에 여성부를 이끌어줄 분을 찾고 있습니다." 목사님께서 말씀하셨다. 갑자기 내 가슴 속이 뜨거워지기 시작했다. 정말 그 일을 하고 싶다는 생각이 들었다.

두 아이를 낳기 전 나는 그 직책을 맡은 적이 있었다. 다른 여성들과 함께하면서 그들이 성장하게끔 도와주는 일이 좋았다. 하지만 남편이 자주 집을 비우고 어린 아이가 둘이나 생기면서 모임에 자주 참석할 수 없었다. 그 상황에서는 맡은 일을 제대로 해낼 수 없다고 생각했다.

하지만 이제는 내 가슴 속의 뜨거움을 외면할 수 없었다. 그 일을 맡는다는 생각만 해도 가슴이 설다. 그때 내 친구인 에이미가 내 쪽으로 몸을 숙이며 이렇게 말했다. "수지, 네가 하면 정말 잘할 것 같아."

"알아, 나도 정말 하고 싶어." 나는 나도 모르게 이렇게 말했다.

집에 돌아와 나는 내가 이 일을 할 수 없는 이유를 적어 보았다. 내년이면 아이들이 유치원에 가서 하루에 두 시간씩 여유가 생기는데 이때 하고 싶은 일이 많았다.

– 흔들의자에 평화롭게 앉아 책을 읽고 싶다.
– 빨리 내 옷장을 정리하고 싶다.
– 세탁실을 청소하고 싶다.

목록은 끝없이 이어졌다. 나는 쓰던 것을 멈추고 그때까지 쓴 것을 다시 읽어 보았다. 그리고 생각했다. '정말 바보 같아. 이런 것들은 내가 정말 좋아하는 일을 하기 위해서 충분히 미룰 수 있잖아.'

나는 내가 할 수 있다는 걸 깨달았다. 하지만 무리하게 나 혼자 모든 일을 해내려고 애쓰기보다는 다른 여성들에게 도움을 청하기로 했다. 곧 나와 같은 뜻을 품은 여성 다섯 명이 모였다.

나는 다른 여성들의 성장을 돕고 싶은 열정에 가득 차 새로운 일에 뛰어들었다. 후회는 전혀 없다. 가끔 흔들의자에 앉아 책을 읽을 정도의 시간은 이 일을 하면서도 낼 수 있다.

– 수지, 두 아이의 엄마

 **과제**

- 지난 몇 주간 나는 어떤 사람들에게 사랑을 실천했는가?

- 하나님께서 내게 사랑하라고 명하신 이들은 누구인가?

- 누구에게 사랑을 실천한 뒤 내 마음이 즐거웠는가?

[복 습]

〈하나님은 여러분이 목적을 가지고 그분의 큰 뜻 안에서 살도록 창조하셨다.〉

- 우리의 첫 번째 목적은 마음을 다해 하나님을 사랑하는 것이다.

- 우리의 두 번째 목적은 나 자신을 사랑하듯 다른 사람들을 사랑하는 것이다.

3. 하나님과 가까워져라

일상에서 하나님과 만나는 법

솔직히 아이를 키우다 보면 내 첫 번째 목적에 충실하기가 어렵다. 아이들에게 끊임없이 주의를 쏟느라 하나님을 위한 시간을 내기가 어려운 것이다. 우리 모임의 조사 결과, 엄마들은 매주 평균 5.9시간을 하나님과 함께 보낸다고 한다. 하나님과 많은 시간을 보내느냐는 질문에 15%의 엄마들은 '충분하지 못하다'라고 대답했다. 시간을 내기 어려운 엄마가 나쁜만은 아닌 모양이다.

17세기의 로렌스 신부도 하나님을 위한 시간을 충분히 내지 못하는 어려움에 직면했다. 그가 이 문제를 해결한 방식은 아마 현대의 바쁜 엄마들에게도 도움이 될 것이다. 바로 어떤 일을 하든 하나님과 함께하는 것이다. 그는 하나님과의 관계를 돈독히 하려면 자신이 하는 일을 바꾸는 것이 아니라 일을 하는 태도를 바꿔야 한다고 생각했디.

엄마들의 경우는 어떨까? 아이를 낳은 지 얼마 안 되었을 때는 매일 아침 눈을 뜨자마자 기도를 하려고 노력했다. 기저귀를 갈 때도 기도를 하고 아이들이 낮잠을 잘 동안에 성경을 읽고 설거지를 하는 동안에는 찬송을 하려고 했다. 매주 아이들을 데리고 예배에도 참석했다. 근사하지 않은가? 실제로 그랬다. 한동안은 말이다. 하지만 곧 육아의 의무에 지친 나는 그런 일들을 포기했다. 아이들에게 정신이 팔려 하나님을 잊고 지냈다. 너무 늦게 잠이 들었고 너무 일찍 잠에서 깼다. 아이들이 낮잠을 잘 때는 빨래를 하고 전화를 걸고 가끔은 나도 반드시 낮잠을 자 둬야만 했다. 그러면 그 시간은 그냥 송두리째 사라져 버렸다. 첫째 아이가 감기에 걸리면 교회를 빠졌다. 그다음 주에는 둘째 아이에게 감기가 옮아 또다시 콧물을 흘리는 아이를 보살피느라 집에 있어야 했다. 그다음 주에는 내가 감기에 걸렸다. 한 달에 겨우 한 번 정도 교회에 나갈 수 있었다.

어느 날 나는 친구에게 하나님과 함께하기 위해 아이들이 다 클 때까지 기다릴 수는 없지 않겠냐고 하소연했다. 친구는 내가 노력해서 시간을 만들지 않는 이상 시간이 저절로 나지는 않을 것이라고 말했다. 그리고 좀 더 창의적으로 내 상황을 생각해보고 해결책을 고민해보라는 충고도 해 주었다. 친구도 날 위해 기도해주기로 약속했다.

나는 다시 아침 기도를 시작했고 때로는 아이들을 침대로 불러 함께 기도했다. 성경 말씀이 인쇄된 작은 카드들을 상자에 담아 주방 싱크대 옆에 두고 샐러드를 만들거나 조리대 위를 닦으면서 틈틈이 읽었다. 집 앞에서 유모차를 밀면서 아름다운 자연을 창조하신 하나님께 감사 기도를 드렸다. 아이들이 아무렇게나 벗어 놓은 더러운 양말들을 정리하면서 아이들을 위해 기도했다. 이런 순간들이 항상 성스러울 수는 없었지만, 일상에서 하나님을 만나게 되면서 나는 그분을 더 간절히 찾게 되었다. 그분은 내가 아이 때문에 정신없이 하루를 보내면서 틈틈이 그분을 찾을 때마다 충실히 나를 만나주셨다.

애들 알버그 칼훈*Adele Ahlberg Calhoun*은 자신의 저서 《영성 훈련 핸드북*Spiritual*

Discipline Handbook》에서 엄마들을 이렇게 격려한다. "하나님과 유대를 맺는 일은 결코 모 아니면 도가 아니다. 어떤 사람들은 30분간 아무 방해도 받지 않고 조용히 기도를 드려야만 제대로 하나님을 만난 거라고 생각한다. 물론 하나님을 위해 따로 시간을 마련하는 것이 가장 좋은 방법이기는 하다. 그러나 하나님과 함께 보내는 사소한 순간들도 중요하기는 마찬가지다."

우리 문화권에서도 하나님에 대해 배우는 일이 점점 더 중요해지고 있다. 2009년 연구 결과에 따르면 미국 성인의 88%가 "신앙은 내 인생에서 매우 중요하다"라고 답했다. 그리고 같은 해 또 다른 연구 결과에 따르면 사람들은 믿음을 키우고 하나님과의 관계를 돈독히 하는 훈련을 점점 더 중시하고 있다.

영성 훈련 중에 잘 알려진 것으로는 기도와 성경 공부가 있다. 우리 모임의 엄마들이 가장 많이 실천하고 있는 방법이기도 하다. 계명을 지키는 것 또한 중요한 방법이다. 육아와 영성 훈련을 병행하는 방법을 알아보자.

기도

호흡 기도. 종일 짧은 기도들을 반복하면서 하나님이 우리 영혼의 산소라는 사실을 기억하는 것이다. 모든 호흡은 하나님의 선물이다. 호흡 기도를 하면서 하나님께 그 선물을 되돌려 드릴 수 있다. 숨을 들이쉴 때 하나님을 부르고 숨을 내쉴 때 마음 깊이 원하는 것을 말하라. 예를 들어 '예수 기도'라고 알려진 기도문은 다음과 같다.

숨을 깊이 들이쉬며, "주 예수 그리스도여."

숨을 천천히 내쉬며, "저를 불쌍히 여기소서."

유치원이나 학교에 적응하기 어려워하는 아이를 둔 엄마라면 다음과 같이 기도해 보라.

숨을 들이쉬며, "예수님, 나의 목자시여."

숨을 내쉬며, "오늘 제 아이를 돌봐주소서."

성경 기도. 성경 기도는 하나님의 말씀을 기도문에 적용하는 것이다. 오래전부터 나는 아이들을 위해 **마가복음 12장 30절** 말씀을 기도문으로 삼아 왔다. "하나님 아버지, 다니엘이 (혹은 나탈리가, 딜리온이, 브리타니가) 마음을 다하고 목숨을 다하고 뜻을 다하고 힘을 다하여 하나님 아버지를 사랑하게 하소서."

시편 139편 13~14절에 여러분의 아이 이름을 넣어 기도해 보자.

주께서 _____의 내장을 지으시며

나의 모태에서 _____를 만드셨나이다

내가 주께 감사하옴은 _____를 지으심이 심히 기묘하심이니

주께서 하시는 일이 기이함을 _____이 잘 알도록 하소서.

동역 기도. 함께 모여 기도할 때 가장 좋은 효과를 얻기도 한다. 다른 사람들과 모여 기도하면 집중력과 책임감이 생겨서 더 꾸준히 기도할 수 있다. 기도 파트너들과 직접 만날 수도 있지만 전화 또는 온라인으로 만날 수도 있다. 나도 '국제 기도하는 엄마들' 모임에 참석해 다른 엄마들과 함께 아이들을 위한 기도를 하고 있다.

성경 공부

매일 읽는다. 매일 성경 말씀을 접하면 하나님과 우리 자신, 그리고 하나님께서 주신 우리의 사명을 깨달을 수 있다. 다음과 같은 방법을 이용해 보자.

- 전화를 이용한다. 매일 정해진 시각에 전화로 1분씩 성경 말씀을 들을 수 있는 서비스를 이용한다.
- 아이팟을 이용한다. 매일 성경 말씀을 들려주는 팟캐스트를 구독한다.
- 매일 소설 형식으로 된 성경을 1장씩 읽거나 인터넷 사이트에서 일정한 분량을 다운로드받아 읽는다. 특정한 키워드를 정해 그것에 관련된 구절을 찾아볼 수도 있다.

암기한다. 골로새서 3장 16절에는 "그리스도의 말씀이 너희 속에 풍성히 거하게 하라"고 되어 있다. 내 친구인 캐리는 큼직한 암기용 카드에 성경 말씀들을 인쇄해 외우고 다닌다. 한 구절을 암기한 후에는 다른 카드와 함께 철해 시간이 날 때마다 다시 읽는다. 암기한 구절을 꾸준히 다시 보는 것이 오랫동안 암기하는 비법이다. 안 그래도 터질 것 같은 머리로 어떻게 성경 구절까지 외울 수 있을까?

- **차에 암기용 카드를 둬라.** 많은 엄마가 매일 차에서 시간을 보낸다. 성경 구절을 카드에 인쇄해서 신호가 빨간 불로 바뀔 때마다 읽어라. 휴대전화 문자 메시지를 보내는 것보다는 훨씬 안전하다. 물론 길에서 눈을 떼면 안 되겠지만!
- **노래로 암기하라.** 음악에 맞춰 성경을 암송해주는 CD를 틀어라. 여러분의 취향에 맞는 음악들을 구글에서 검색해 보라. 차에 함께 탄 아이들에게도 들려줄 좋은 방법이다.
- **선의의 경쟁을 하라.** 나는 경쟁심이 좀 강한 편이다. 그래서 우리 목사님이 성경 공부 모임원들에게 일정 분량을 암기하는 과제를 주셨을 때 열심히 노력해서 제일 먼저 끝낼 수 있었다. 가끔은 선의의 경쟁이 큰 도움이 된다. 친구에게 함께 암기하자고 제안하고 먼저 외우는 사람을 위해 몇 시간 정도 아이를 봐주는 내기를 해보라. 아주 큰 동기 부여가 된다!

더 깊게 공부한다. 이웃 친구들과 함께 공부하거나 교회의 성경 연구 모임에 참석해 특정 구절이나 특정한 주제에 관해 더 깊게 공부해 보자. 혹은 오후에 짬을 내어 무료 또는 저렴한 비용으로 들을 수 있는 성경 세미나에 참석하는 것도 좋다.

안식일

세 번째 영성 훈련은 바로 안식일을 지키는 것이다. 바쁘게 살다 보면 안식일을 지키기가 무척 힘들다. 나도 마찬가지였다. 각종 행사를 챙기고 글을 쓰고 직장 일에 집안일까지 하느라 엿새 동안 정신없이 보내다 보면 그 일들이 일요일까지도 이어졌다. 안식일에 내 영혼을 편안히 하기 위해 나는 댄 알렌더*Dan Allender*의 《안식*Sabbath*》을 읽기 시작했다. 알렌더는 안식일이 기쁨으로의 초대장이라고 말한다. "우리가 배불리 먹고 춤추고 섹스하고 노래하고 기도하고 웃고 이야기하고 읽고 걷고 자연을 느낄 수 있는 성스러운 시간"이라는 것이다. 또한 "휴식을 주시고 보상해 주시는 하나님의 사랑을 기리는 날"이라고 했다. 그때까지 나는 안식일을 좀 다르게 생각하고 있었다. 낮잠을 자거나 교회에 가거나 외식을 한 뒤에는 주중에 못한 일들을 마저 하면서 다음 주를 준비하는 시간(지난 일을 너무 오래 생각하면 죄책감이 느껴져서 되도록 생각을 피하긴 했다)으로 생각했던 것이다. 알렌더는 안식일을 지키는 문제에 관해 다음과 같이 이야기한다.

- 안식일은 단지 좋은 아이디어가 아니라 십계명을 통해 하나님께서 우리에게 명하신 것이다. (**출애굽기 20장 1~17절**에서 그 내용을 볼 수 있다.) 우리가 십계명 중 일부, 이를테면 거짓말, 살인,

간음하지 말라는 계명은 여전히 지켜야 한다고 생각하면서 안식일만 지키지 않는 것은 이상한 일이다. 그냥 이상한 일이 아니라 그것이야말로 우리가 하나님이나 다른 사람들과의 관계에서 어려움을 겪는 이유일지도 모른다.

- 안식일은 단지 아무것도 하지 않거나 24시간 내내 쉬는 날이 아니라 기쁨으로 보내야 하는 날이다.
- 안식일은 기쁨으로 가득한 천국을 예비하는 축제의 날이다.

나는 이제 좀 다른 방식으로 안식일을 보내고 있다. 여전히 교회에 가고 가족들과 시간을 보내고 물론 낮잠도 잔다! 하지만 주중에 못한 일을 마저 하는 대신 야외 활동을 즐기고 나만을 위한 독서(연구나 일 때문에 읽는 것이 아니라)를 한다. 빵을 굽기도 하고 무엇보다도 조용히 앉아 생각할 시간을 갖는다. 안식일이 다가오면 나는 쳇바퀴 위의 햄스터 같은 기분에서 벗어나 사랑을 듬뿍 받는 하나님의 딸이 된 느낌이 든다. 만약 여러분의 정신없는 일과가 일요일까지 이어져서 하나님의 큰 뜻 안에서 기쁨을 느끼기엔 너무 피곤하다면 앞으로는 안식일을 기억하고 성스러운 기쁨 속에서 그날을 보내도록 노력해 보라.

 실제사례 – **안식일의 휴식**

> 세이지와 마늘을 넣고 구운 닭고기 냄새가 주방을 가득 채운다. 샐러드가 준비되고 바구니에는 따뜻한 빵이 가득하고 직접 만든 초콜릿 케이크도 조리대 위

에 올라와 있다. 정신없던 식사 준비가 드디어 끝났다. 주중에 끝내지 못한 일들은 그냥 신경 쓰지 말자고 생각하며 촛불을 켰다. 우리 가족이 안식일을 지키기로 결정한 후부터 매주 금요일 밤이면 앞으로 24시간 동안 가족들과 함께. 온전히 쉬게 될 시간에 대한 기대감에 사로잡힌다.

우리 가족은 유태 전통을 지키고 있기 때문에 안식일이 금요일 밤에 시작된다. 먼저 다 함께 식탁 앞에 모여 앉는다. 저녁을 먹기 전에 남편인 트레이가 기도문을 읊고 아이들을 축복한다. 나는 그때마다 남편이 아이들을 얼마나 사랑하고 이 일을 얼마나 중요하게 생각하는지 느껴져서 눈시울이 붉어진다. 그다음에 남편은 나를 축복하고 나도 남편을 축복한 뒤 함께 즐거운 식사를 한다.

식사를 마치고 식탁을 치운 뒤에는 설거지를 하지 않는다. 토요일 저녁까지는 그냥 싱크대에 넣어 둔다. 처음에는 이렇게 하는 게 무척 신경이 쓰였지만 이제는 익숙해졌다. 어차피 언젠가는 치울 거라고 생각하면 마음이 편하다. 식사 후에는 함께 성경 구절을 읽는다. 읽은 구절에 대해 토론을 하기도 하고 다들 별 할 말이 없을 경우에는 영화를 보거나 게임을 한다.

토요일에는 베이글 등으로 간단한 아침 식사를 하고 교회에 다녀온 후 점심에는 외식을 한다. 오후에는 일부러 집안일을 하지 않는다. 세탁이나 정원 일 등 어떤 종류의 노동도 하지 않는 것이다. 하지만 안식일의 규칙에 너무 엄격하게 매달리지는 않는다. 예를 들어 아들인 안소니가 토요일에 라크로스 경기에 참가해야 할 경우에는 당연히 허락하고 응원해준다. 중요한 것은 휴식을 취하는 마음가짐으로 주중의 일을 잠시 잊고 하나님과 가족, 친구들과 시간을 보내는 것이다.

토요일 저녁에는 전날 밤에 먹고 남은 음식을 먹는다. 이 시간이 지나면 우리의 안식일도 끝난다. 이틀 동안 우리는 가족과 즐거운 시간을 보내고 하나님과 좀 더 가까워졌으며 충분한 휴식까지 취할 수 있었다. 안식일을 지키게 되면서 나는 내 인생에서 새로운 평화를 경험하게 되었다.

— 에이프릴, 세 아이의 엄마

기도와 성경 공부, 안식일을 지키는 것 외에도 하나님과 더 가까워질 방법들은 많이 있다. 건강한 식사와 규칙적인 운동이 몸에 중요한 것만큼 영성 훈련 또한 영혼의 건강에 무척 중요하다. 여러분이 마음을 다해 하나님을 사랑하기 위해 고려해 볼 수 있는 활동들을 아래에 나열해 보았다. 영성 훈련에 대한 더 자세한 정보를 얻고 싶다면 애들 알버그 칼훈의《영성 훈련 핸드북》을 참고해도 좋다. 실용적이고 쉬운 아이디어들이 친절하게 설명되어 있다.

- 예배
- 신앙고백
- 휴식
- 혼자 있는 시간
- 봉사
- 멘토링
- 명상
- 기부

- 종교모임
- 일기
- 단순한 일
- 침묵
- 순종
- 예수님의 말씀 나누기
- 금식

이는 내가 그 피곤한 심령을 상쾌하게 하며 모든 연약한 심령을 만족하게 하였음이라.

– 예레미야 31장 25절

목소리

〈나는 무엇을 할 때 하나님과 더욱 가까워지는가?〉

• 조용히 내 생각과 느낌을 하나님께 편지로 쓸 때 – *다넬, 두 아이의 엄마*

• 일상에서 그분의 말씀에 귀 기울일 때 – *알레나, 세 아이의 엄마*

• 내 아이의 눈을 통해 사물을 볼 때. 어른들은 푸르른 잔디나 비와 같은 자연현상들을 당연하게 받아들이지만, 아이들은 가장 아름답고 놀라운 것으로 느낀다. – *크리스티, 두 아이의 엄마*

• 성경을 읽고 기도하고 질문을 던질 때. – *젠, 두 아이의 엄마*

과제

• 어떻게 하면 일상에서 하나님을 더 많이 만날 수 있을까?

• 우리 가족에게 안식일은 어떤 날인가?

• 친구나 멘토에게 내가 영성 훈련을 잘하고 있는지 지켜봐 달라고 부탁하자.

아이들에게 하나님을 소개하는 법

목소리

〈아이들이 하나님을 어떤 분으로 생각하길 원하는가?〉

- 일상에서 항상 함께하는 분. 안 좋은 일이 생겼을 때나 일요일에 교회에 갈 때만 찾는 그런 분이 아닌. – *에리카, 두 아이와 입양 자녀들의 엄마*

- 기도를 하면 만날 수 있는 분. 걱정과 근심이 있을 때 항상 위안을 주는 분. – *멜라니, 세 아이의 엄마*

- 사랑의 원천. 아이들을 너무 사랑하셔서 기꺼이 친구가 되어주시는 분. 아이들을 지켜주시고 아이들을 통해 놀라운 일을 행하시는 분.
  – *켈리, 세 아이의 엄마.*

여러분이 하나님과의 관계를 돈독히 하면서 자신의 사명을 실현해 갈수록 여러분의 아이들 역시 하나님과 가까워질 것이다. 바나 리서치 그룹에 따르면 한 사람의 세계관은 열세 살 무렵에 완성된다고 하니 아이들에게 하나님을 일찍 알려주는 것이 얼마나 중요한지 알 수 있다.

2006년 헤리티지 재단The Heritage Foundation의 연구 결과를 봐도 아이들의 영성 개발이 매우 중요한 과제임을 알 수 있다. 그 연구에 따르면,

- 종교 활동은 삶의 모든 면, 특히 가족 관계에 커다란 도움을 준다.

결혼 생활이 더 행복해지고 부모-자식 관계가 더 돈독해지며 가정 폭력, 이혼, 혼외정사 등이 줄어든다.

- 정기적으로 종교 활동에 참여하는 학생들은 학업 성적도 크게 향상된다. 특히 저소득 가족의 학생들은 더 그렇다.
- 종교적인 활동은 신체적, 정신적 건강을 향상시킨다.

가족이 영성 훈련을 통해 하나님과 가까워진다고 해서 모든 어려운 일들을 피할 수 있는 것은 물론 아니지만 위험이 줄어드는 것은 사실이다.

하지만 영성 훈련을 가족의 최우선 과제로 놓기란 쉬운 일이 아니다. 아이들을 윤리적, 영적으로 훌륭하게 훈련시키고 있다고 믿는 부모는 5명 중 1명도 안 된다. 또 다른 설문 조사에 참가한 부모들은 서로 다른 열다섯 가지 성과 지표 중에서 윤리성과 영성에 관련된 항목을 가장 마지막에 두었다. 가장 신경을 못 쓰고 있다는 뜻이다.

부모들이 집에서 영성 훈련을 제대로 하지 못하는 이유로 가장 흔하게 말하는 것이 바로 '너무 바쁘다'와 '너무 지루하다'이다. 나도 그런 반응이 이해가 간다. 뭔가 가르치려고 할 때마다 아이들이 몸을 뒤척이고 서로 싸우고 불평을 한다면 솔직히 계속하기가 쉽지 않다.

아이들이 커갈수록 하나님에 대해 배우는 시간이 점점 줄어든다는 것을 깨달은 나는 아이들에게 의도적으로 더 많은 영성 훈련을 시켰다. (주일 학교 다니기, 식사 전과 자기 전에 기도하기, 성경 말씀 읽기 등등) 그리고 매일 아이들을 위해 기도했다. 그러한 선택은 옳았다. 하지만 나는 좀 더 아이들과 함께할 수 있는 활동을 원했다. 그래서 잠들기 전에 나도 함께 기도를 하고 아이들만 따로 주일 학교에 보내는 대신 성경 말씀에 대해 함께 토론하기로 했다.

신명기 6장 5~9절에서 하나님께서는 부모들에게 다음과 같이 하라고 가르치신다.

> 너는 마음을 다하고 뜻을 다하고 힘을 다하여 네 하나님 여호와를 사랑하라. 오늘 내가 네게 명하는 이 말씀을 너는 마음에 새기고 네 자녀에게 부지런히 가르치며 집에 앉았을 때에든지 길을 갈 때에든지 누워 있을 때에든지 일어날 때에든지 이 말씀을 강론할 것이며 너는 또 그것을 네 손목에 매어 기호를 삼으며 네 미간에 붙여 표로 삼고 또 네 집 문설주와 바깥 문에 기록할지니라.

어떻게 하면 가족의 일상 속에서 영적 발전을 이룰 수 있을까? 다음 페이지에 정리된 '아이들을 위한 영성 훈련'을 참고하길 바란다. 나도 활용하고 있는 방법과 주위의 엄마들로부터 얻은 많은 아이디어를 함께 적어 보았다.

과제
• 아이에게 하나님에 대해 어떻게 생각하는지 물어보라. 어떻게 하면 우리 가족이 하나님에 대해 함께 배울 수 있을까?

아이들을 위한 영성 훈련

영성 훈련	아이와 함께할 일
기도	· 식사 전과 잠자리에 들기 전 기도를 한다. · 성서 구절을 외고 매일 아이들을 축복한다. · 기도 파트너들을 집으로 초대한다. · 다른 나라에 사는 가족을 후원하고 그들을 위해 기도한다. 냉장고에 그 가족의 사진을 붙이고 세계 지도에서 그들이 사는 곳을 찾아본다. · 가족의 기도 일기를 쓴다. · 이웃집 아이가 팔이 부러졌을 때처럼 뭔가 기도할 일이 생겼을 때 함께 기도한다.
성경 공부	· 성경을 공부하게 되면서 알게 된 사실을 함께 이야기한다. · 함께 성경 동화책을 읽는다. · 제일 좋아하는 구절을 액자에 넣어 아이의 침대 옆에 놓아둔다. 그것을 매일 함께 읽는다. · 성경 속 이야기를 연극으로 꾸며본다. (내 남편은 아주 오래전부터 마리아와 요셉이 여인숙 방을 찾는 장면에서 당나귀 역을 맡아 왔다.) · 가장 좋아하는 성경 속 이야기에 맞춰 노래를 만들고 함께 불러본다.
안식일	· 자연으로 나가 하나님이 만드신 것 중에서 가장 예쁘고 신기하고 놀라운 것들을 찾아본다. · 하나님을 만났던 얘기를 아이들에게 들려준다. · 성경 동화책 속 이야기를 바탕으로 제스처 게임을 해본다. · 안식일에는 특별한 음식을 먹는다. 가족이 제일 좋아하는 음식을 선택한다. · 가끔은 가족이 함께 예배에 참석한다. 어린이 예배에 함께 참석하는 것도 좋고, 엄마 아빠가 예배드리는 모습을 보여주는 것도 좋다.
금식	· 어린 아이들은 끼니를 거르면 안 되지만 며칠 간 제일 좋아하는 음식을 먹지 않는 것 정도는 시도해볼 수 있다. 물론 이것은 여러분이 아니라 아이들이 직접 결정한 사항이어야 한다. · 며칠간 간식을 먹지 않고 절약한 돈을 다른 사람을 돕는 데 사용하게 한다.

영성 훈련	아이와 함께할 일
기부	· 재활용 제품을 수거하여 마련한 돈을 다른 나라 아이들을 돕는 일에 사용한다. · 아이들이 동전을 삼키지 않을 정도로 컸다면 매주 동전을 10개씩 주고 그중 하나를 교회에 내도록 한다. · 가족 구성원 모두 제일 좋아하는 (오래되고 못쓰게 된 것이 아닌) 옷이나 책, 장난감을 자선 단체에 기부한다.
봉사	· 이웃집 앞마당의 잡초를 정리하고 꽃을 심어 준다. · 함께 식사를 준비해 아이를 갓 낳은 어머니에게 갖다준다. · 좋은 목적의 걷기 행사에 참여한다. 아이가 어리다면 보행기나 유모차에 태워서 함께한다. · 이웃들에게 식료품을 기부받아 지역의 무료 급식소에 전달한다. · 양로원에 찾아가 그곳에 계신 노인 분들과 이야기를 나눈다. 아이가 그린 그림을 기증한다.

교회는 예배만 드리는 곳이라고?

아이들의 영적 발전에 가장 큰 책임을 지고 있는 사람은 부모이지만 교회 또한 영적 가치를 기르고 강화하는 데 큰 도움을 줄 수 있다. 교회는 단지 예배만 드리는 장소가 아니라 기도 지원, 영성 교육 등 하나님과 더 가까워지기 위한 여러 가지 도움을 받을 수 있는 곳이다.

만약 여러분이 교회에 다니고 있지 않다면 다음의 방법으로 여러분의 가족에게 가장 잘 맞는 교회를 찾아보라.

- 기도하라: 하나님의 인도를 받아라.

- 완벽한 교회는 없다는 사실을 잊지 마라.

- 여러분이 원하는 것을 확실히 정하라.
  - 교회의 가치와 믿음
  - 규모
  - 위치
  - 예배의 종류
  - 참여할 수 있는 활동
- 친구와 가족, 이웃들에게 추천을 받아라.
- 인터넷 검색을 통해 교회 웹사이트들을 방문해보라.
- 적어도 세 번은 그 교회에 직접 가보라.
- 인내심을 가져라. 교회를 찾는 일에는 시간이 걸린다.

그러므로 이제부터 너희는 외인도 아니요 나그네도 아니요 오직 성도들과 동일한 시민이요 하나님의 권속이라.

— 에베소서 2장 19절

 실제사례 - **친구들의 도움**

'이러다 미쳐 버리겠어.' 세 살짜리 아들이 장난감 트럭으로 레고 탑을 쓰러뜨리는 걸 보면서 나는 생각했다. 나는 바닥에 앉아서 어린이 침대에 등을 기대고 다리는 베개 위에 올려놓고 있었다. 며칠 전 스키장에서 무릎 골절상을 입은 나는 목발에 의지해 생활하고 있었다. 의사는 다리에 무리가 가면 큰 수술을 해야 할 수도 있으니 조심하라고 했다.

처음에는 '8주 정도면 괜찮겠지'라고 생각했다. 하지만 며칠 만에 무기력해지고 외로움을 느꼈다. 직장에 다시 나가야 하는 남편에게 나는 얌전히 목발만 짚고 다닐 테니 걱정하지 말라고 말했다. 지난번처럼 주방에서 한쪽 다리로 뛰어다니거나 무리하게 차를 운전하는 일은 없을 거라고.

나는 시계를 보았다. '10시 반밖에 안 됐어? 맙소사, 끔찍하게 긴 하루가 되겠군.' 그때 생후 10주 된 아기가 울기 시작했다.

"이런, 조쉬. 조단이 깼나 보다." 나는 목발을 짚고 아기 침대 쪽으로 절뚝거리며 걸어갔다.

그때 초인종이 울렸다. '어떡하지?' 나는 생각했다.

조단을 안고 계단을 내려가는 일이 문제였다. 나는 다치지 않은 다리로 중심을 잡으며 아이를 침대에서 조심스럽게 안아 올려 무릎에 앉힌 뒤 엉덩이로 한 계단씩 내려가기 시작했다. 맨 마지막 계단에 도착한 뒤 간신히 놀이울 안에 조단을 넣었다. 그리고 조쉬에게 목발을 받아 문을 열었다.

"안녕하세요, 다리를 다치셨다기에 좀 도와 드리려고요." 문 앞에 서 있던 여자가 말했다. 낯이 익었지만 이름이 기억나지 않았다. 그녀는 샐러드가 든 지퍼백과 냄비를 들고 있었다. "성경 연구 모임의 질이에요. 사고를 당했다는 소식을 듣고 앞으로 몇 주일 동안 돌아가면서 식사를 준비해 드리기로 했어요. 오늘은 제가 저녁 식사를 준비하는 날이에요."

"세상에, 고맙습니다." 나는 대답했다. 누군가가 날 위해 이렇게 해준 건 처음이었다.

"지금 시간이 좀 있는데 뭐 또 도와드릴 거 없나요?" 그녀가 물었다.

"아니에요, 괜찮아요." 나는 거짓말을 했다. 혹시 내가 엉덩이로 계단을 내려오는 걸 그녀가 봤을까 싶었다.

"제가 세탁기 돌려 드릴게요. 빨래 바구니를 들고 다니긴 좀 어려우실 것 같은데." 그녀가 미소를 지었다. 그리고 우리 둘 다 웃음을 터뜨렸다. 내 모습을 본 게 분명했다.

"진짜 도와 드리고 싶어서 그래요. 세탁기 도는 동안 같이 얘기나 해요."

나는 기꺼이 그녀의 제안을 받아들였고 함께 즐거운 시간을 보냈다.

그 후에도 성경 연구 모임에 함께 참여하던 많은 여성이 나를 찾아왔다. 음식을 갖다주고, 짐을 옮겨주고, 조쉬를 공원에 데려가 주고, 쓰레기를 버려주고, 청소기를 돌려주고, 심지어 화장실 청소까지 해주었다.

나는 힘든 시기에 찾아온 이런 도움의 손길에 말로 표현할 수 없는 고마움을 느꼈다.

 엄마들의 통계

〈교회에 다니고 있는가?〉

• 그렇다 : 92%

• 아니다 : 8%

 **목소리**

〈교회에 다니지 않는다면 그 이유는 무엇인가?〉

• 나는 기독교가 특정한 입장을 정당화하는 것에 이용되는 것이 불편해서 기독교인이 되지 않기로 결정했다. – *KS, 한 아이의 엄마*

• 엄마가 된 후 교회에 다니기가 매우 힘들어졌다. 매일 샤워를 하는 것조차 힘든 상황이라서. – *개비, 한 아이의 엄마*

• 시간도 의욕도 없다. 딸이 좀 더 크면 종교를 접하게 하고 싶다. – *돈, 한 아이의 엄마.*

〈교회에 다니고 있다면 가장 좋은 점은 무엇인가?〉

• 목사님께서 신도들 한 명 한 명 모두 신경 써 주신다. – *페이스, 네 아이의 엄마*

• 세대를 뛰어넘어 나와 내 아이들을 사랑해 주는 끈끈한 모임의 일원이 될 수 있다는 것. – *엘리자베스, 두 아이의 엄마*

• 영적인 성장과 신뢰성. – *리디아, 두 아이의 엄마*

• 우리 교회는 어떤 판단도 하지 않고 있는 그대로 신도들을 받아들인다. 조건에 상관없이 모든 사람을 수용하고 필요할 때마다 도움을 주기 때문에 편안하게 예배를 드리고 하나님과 가까워질 수 있다. – *디디, 세 아이의 엄마*

과제

• 나는 어떤 교회를 찾고 있는가?

[복 습]

〈하나님은 우리가 그분에게 가까이 다가가기를 원하신다.〉

• 하나님과의 관계를 위해 노력해야 한다.

• 육아로 바쁘더라도 영성 훈련을 게을리하지 말고 아이들과 훈련을 함께함으로써 하나님께 다가가야 한다.

• 교회에 다니는 일은 영적 성장에 도움이 된다.

4. 하나님을 알려라

우리에겐 임무가 있다

하나님을 사랑하고 다른 사람을 사랑하는 것 이외에 예수님께서는 또 다른 임무를 우리에게 주셨다. 'commission^{임무}'이라는 단어의 라틴어 어원은 '함께 보내지다'라는 뜻이라고 한다. 우리는 무엇을 위해 보내졌을까? **마태복음 28장 19~20절을 보자.**

> 그러므로 너희는 가서 모든 민족을 제자로 삼아 아버지와 아들
> 과 성령의 이름으로 세례를 베풀고 내가 너희에게 분부한 모든
> 것을 가르쳐 지키게 하라.

우리는 우리의 가족과 이웃을 넘어 세상의 모든 사람에게 하나님을 알리기 위해 이 세상에 보내졌다. 하나님께서는 여러분께 우정의 손길을 내미시면서 다른 이들에게도 그러한 우정의 손길을 내밀라고 말씀하신다. 하나님께서 그분의 사랑을 알리기 위해 예수님을 보내셨듯이 우리 한 명 한 명을 세상의 모든 사람에게 보내신 것이다. 우리는 다른 사람들에게 전능하고 자비로우신 하나님에 대해 알려야 한다.

내가 세상 끝날까지 너희와 항상 함께 있으리라
– 마태복음 28장 20절

하나님을 알리는 우리의 임무는 세 가지 방법으로 수행할 수 있다.

- 남을 위해 봉사한다.
- 우리의 경험을 증언한다.
- 하나님의 이야기를 소개한다.

이 세 가지는 하나님을 사랑하고 다른 사람들을 사랑해야 하는 우리의 첫 번째와 두 번째 목적에도 부합하는 것이다.

할머니가 사랑하는 손자 사진을 다른 사람들에게 숨기겠는가? 너무 사랑하기 때문에 그럴 수 없을 것이다! 마찬가지로 여러분도 하나님을 알고 그분의 사랑으로 인생이 바뀐 후에는 그 벅찬 사랑을 비밀로 하기 어려울 것이다. 가끔 우리는 우리의 사연이 대단치 않거나 뭔가 영적인 경험을 하지 못했다는 이유로 다른 이들에게 간증을 주저할 때가 있다. 그렇게 생각할 필요는 없다. 하나님께서는 사소한 이야기들을 통해 그분의 사랑을 전하길 원하신다. 우리가 이웃집 엄마나 직장 동료 등 주변 사람들에게 손을 내밀 때 하나님께서도 우리에게 사랑의 손길을 내밀어주실 것이다. 그렇게 함으로써 다른 이들 또한 하나님의 큰 뜻 안에서 자신의 목적을 찾을 수 있게 될 것이다.

그러므로 우리가 그리스도를 대신하여 사신이 되어 하나님이 우리를 통하여 너희를 권면하시는 것 같이 그리스도를 대신하여 간청하노니 너희

는 하나님과 화목하라.

– 고린도후서 5장 20절

 실제사례 – **함께 봉사하기**

나는 네 살짜리 애드리안의 방 벽에 걸린 커다란 세계 지도에서 인도를 가리키며 그 나라로 여행을 가게 될 거라고 말해주었다.

"인도에는 무슨 동물이 살아요?" 아이가 물었다.

"호랑이, 원숭이, 낙타, 별별 동물이 다 있지. 근데 동물을 많이 보진 못할 거야. 우린 거기 사는 사람들을 도와주러 가는 거니까." 내가 설명했다.

교회 사람들과 함께 인도 빈민가에 봉사를 갈 때 아이도 데리고 가겠다고 했더니 여동생과 어머니는 미친 짓이라고 말렸다. 극심한 가난과 압박 속에 살아가는 달리트*Dalit : 인도의 전통 카스트 제도에서 최하 계급에 속하는 사람, 불가촉 천민을 뜻함-옮긴이*들을 도와주러 가는 여행이었다.

나는 아이를 갖기 전부터 여행을 굉장히 많이 다녔다. 어린 아이를 데리고 여행하는 것은 물론 힘든 일이지만, 남편인 제임스와 나는 아이에게 어릴 때부터 다른 문화를 접하게 하고 하나님의 사랑을 나누는 기회를 갖게 해주고 싶었다.

인도에서 지내는 2주 동안 애드리언은 말도 안 통하는 아이들과 어울려 뛰어놀았다. 그 사회에서는 짐승처럼 천한 대접을 받는 아이들이었지만 애드리언에게는 자신과 똑같은 아이들일 뿐이었다. 아이는 매일 우물에서 물을 긷는 여성들에게 웃으며 손을 흔들었다. 이 여성들 또한 자신들의 나라에서 무시당하고 외면받는 사람들이었다. 아이는 어떤 교육도 받지 못한 사람들이 먹고살기 위해 바느질을 하고 벽돌을 옮기는 모습을 직접 목격했다.

나는 애드리언을 데리고 가기를 잘했다고 생각한다. 앞으로도 또 함께 여행을 갈 것이다. 아이의 시선으로 보면 그 어떤 나라도 우리가 있는 이곳과 별다를 것이 없다. 무엇보다 아이는 천진난만한 애정으로 모든 사람을 순수하게 받아들이며 하나님의 사랑을 나누는 법을 내게 가르쳐 주었다. 그러한 사랑이 이 세상을 달라지게 만들 것이다.

— 레이첼, 두 아이의 엄마.

- 일상에서 다른 사람들을 위해 봉사하는 방법에는 뭐가 있을까?
- 다른 사람들에게 하나님의 사랑을 알리기 위해 내가 들려줄 수 있는 개인적인 경험에는 뭐가 있을까?

우리는 축복을 받았다

엄마가 된 후 나는 하나님의 사랑을 새로운 방식으로 경험했다. 하나님께서 목적을 가지고 나를 만드셨다는 것을 새삼 확인하게 된 것이다. 평범한 엄마인 내가 하나님이 주신 중대하고 귀중한 사명을 지니고 태어났다는 사실은 참으로 놀랍다. 하나님은 엄마로서, 또 여자로서 내가 하는 일이 그분의 놀랍도록 질서정연한 우주에서 없어서는 안 될 부분이라고 생각하시는 것이다.

목소리

헤더와 제시카의 말처럼 하나님께서는 우리 모두를 위한 여정을 미리 계획해 두셨다. 하나님의 사랑은 너무나 크다. 여러분은 그 사랑을 다른 사람들에게 전해야 한다. 하나님의 사랑은 무한하다. 여러분이 매일 여러분의 아이에게 아낌없이 주는 바로 그 사랑처럼 말이다. 여러분은 그분의 뜻 안에서 함께 나아가며, 하나님의 사랑을 온 마음으로 발견하고, 그분이 여러분을 사랑하듯 다른 이들을 사랑해야 한다. 그리고 그 사랑을 다른 사람들에게 전해서 그들도 자신들의 목적을 찾을 수 있게 해주길 바란다.

마지막으로 성경 구절 하나를 전한다. 이 여정을 함께하는 다른 여행자에게도 이 말씀을 전해주길.

여호와는 네게 복을 주시고
너를 지키시기를 원하며

여호와는 그의 얼굴을 네게 비추사

은혜 베푸시기를 원하며

여호와는 그 얼굴을 네게로 향하여 드사

평강 주시기를 원하노라 할지니라 하라.

– 민수기 6장 24~26절

 **과제**

- 이 세상에서 여러분의 역할은 무엇이라고 생각하는가?
- 하나님은 그 여정에서 어떻게 여러분을 축복하고 계시는가?

[복 습]

〈하나님께서는 우리가 그분의 큰 뜻 안에서 다른 사람들에게 그분의 사랑을 알리기를 원하신다.〉

- 우리는 하나님의 사랑을 온 세상에 알리기 위해 보내진 사람들이다.
- 우리는 봉사와 간증과 성경 말씀을 통해 하나님을 알려야 한다.
- 우리가 하나님의 사랑을 전할 때 하나님도 우리와 함께하신다.

결론

나를 키워준 것들

1,800여 개의 연구 결과들을 정리하면서 나는 어머니가 지금의 나를 어떻게 키웠는지를 돌아보게 되었다. 세 가지가 머릿속에 떠올랐다. 아이들에게 훌륭한 가정을 만들어주려 했던 어머니의 마음과 성격, 그리고 성실함.

모든 아이가 좋은 가정에서 자라야 한다고 믿었던 어머니는 아이 셋을 위탁 보호하셨다. 맨 처음 함께 살았던 언니와 원치 않게 헤어졌던 경험 때문에 나는 새로운 관계를 시작하는 것에 두려움을 갖게 되었다. 누군가를 얻는다는 것은 동시에 잃어버릴 위험을 감수한다는 뜻이었으니까. 하지만 나쁜 점만 있는 건 아니었다. 우리 집에서 위탁 보호를 받던 두 명은 입양 절차를 거쳐 이제 나의 진짜 가족이 되었다. 이러한 환경에서 자란 경험은 내 직업 선택에도 영향을 미쳐서, 현재 나는 로스쿨에서 아동복지법과 가족법을 공부하고 있다. 앞으로 아이들에게 안정적인 가정을 마련해주는 일을 하고 싶다.

우리 어머니는 완벽한 분은 아니다. 연구 결과를 읽으면서 나는 많은 엄마가 그렇다는 것을 알았다. 네 아이를 키우는 동안 어머니는 가끔 분을 못 이기고 크게 화를 내실 때가 있었다. 나 또한 그런 성격을 그대로 물려받았다. 어머니가 자신의 성격을 애써 다스리고, 우리에게 사과하며, 끊임없이 고치려고 노력하는 모습을 보면서 나 또한 내 결점을 인정하고, 실수한 것이 있으면 사과하며, 다른 사람들의 실수도 용서할 수 있는 사람으로 자랐다.

어머니가 내 행동을 규제하시는 게 늘 마음에 들지만은 않았다. 한 번은 영화 '타이타닉'을 보러 가겠다고 우겨서 어머니와 크게 싸운 적이 있었다. 어머니는 영화 속의 정사 신이 10대가 보기에 적합하지 않다고 생각하셨다. 어머니는 본인께서 세운 기준을 항상 충실히 지키셨다. 나와는 의견이 맞지 않을 때도 있었지만 어머니는 늘 한결같은 분이셨고 말과 행동이 일치하는 모습을 보여 주셨다. 하나님에 대한 믿음도 마찬가지였다. 나는 그렇게 자신의 믿음을 지키며 사는 것이 중요하다고 생각한다.

— 브리타니, 저자의 연구 조수이자 딸

딸의 글을 읽는 것은 기쁜 일이다. 하지만 딸이 아직 어렸을 때 이런 사실을 미리 알았더라면! 우리에게 마법의 거울이 있다면 얼마나 좋을까. 매일 아침 '거울아, 거울아, 어떤 게 가장 좋은 결정일까?'하고 물어볼 수 있는 거울 말이다. 기술이 아무리 발전해도 그런 능력은 동화책 속에만 등장하는 꿈일 뿐이다. 육아는 현실이다. 우리는 아이가 어른이 될 때까지 그 결과를 미리 알 수 없다.

현실에서 엄마들은 마치 과학자처럼 연구와 실험을 통해 아이들이 훌륭한 어른으로 자라게 할 수 있는 방법을 고민한다. 또한 예술가처럼 독창성과 열정을 가지고 우리가 배운 지식을 조합해 아이의 인생에 도움을 주려고 한다.

우리는 건강하고 유연한 아이를 키우기 위해 무엇이 필요한지 고민하고 그 고민의 결과를 창의적으로 육아에 활용한다. 우리의 자아 또한 건강하고 유연하게 키우기 위해 노력한다. 아이가 훌륭한 어른으로 자랄 수 있게 하기 위해 육아의 기술을 매일 새롭게 갈고 닦는다. 다른 사람들과의 관계를 통해 도움과 격려를 얻는다. 하나님과의 돈독한 관계를 추구하고 그분의 뜻 안에서 우리의 사명을 이해하려고 한다.

하지만 이 모든 것을 동시에 해내면서도 우리에게는 여전히 걱정이 남아 있다. 그렇지 않은가? 아마 누구나 자신에게 물어본 적이 있을 것이다. "내가 잘하고 있는 걸까? 내가 아이를 망치고 있는 것은 아닐까?" 엄마들은 미래를 볼 수 없지만 하나님께서는 보실 수 있다. 이 책을 읽는 엄마들 모두 **시편 139편의 마지막 두 절**을 마음에 새기며 근심을 버리고 훌륭한 아이를 키워 낼 수 있기를 바란다.

하나님이여 나를 살피사 내 마음을 아시며
나를 시험하사 내 뜻을 아옵소서.
내게 무슨 악한 행위가 있나 보시고
나를 영원한 길로 인도하소서.
— 시편 139편 23~24절